创新型小学教育专业精品教材

互联网＋教育改革新理念教材

小学综合实践活动

主编　彭　娟　夏小林

航空工业出版社

北　京

内容提要

本书主要介绍了小学生综合实践活动课程的相关知识，共八章，具体内容包括综合实践活动课程概述、小学综合实践活动课程的目标、小学综合实践活动课程的类型、小学综合实践活动课程资源的开发、小学综合实践活动课程的设计、小学综合实践活动课程的实施、小学综合实践活动课程的评价、小学综合实践活动课程的管理与建设。

本书内容系统、学练结合、紧跟时代，可作为小学教育专业学生学习的相关教材，也可供广大教育工作者阅读参考。

图书在版编目（CIP）数据

小学综合实践活动 / 彭娟，夏小林主编. -- 北京 : 航空工业出版社，2019.2（2023.2 重印）
ISBN 978-7-5165-1859-5

Ⅰ. ①小… Ⅱ. ①彭… ②夏… Ⅲ. ①活动课程－小学－教材 Ⅳ. ①G622.3

中国版本图书馆 CIP 数据核字(2019)第 029606 号

小学综合实践活动
Xiaoxue Zonghe Shijian Huodong

航空工业出版社出版发行
（北京市朝阳区京顺路 5 号曙光大厦 C 座四层　100028）
发行部电话：010-85672663　010-85672683

北京京华铭诚工贸有限公司印刷　全国各地新华书店经售
2019 年 2 月第 1 版　2023 年 2 月第 6 次印刷
开本：787×1092　1/16　字数：277 千字
印张：12　定价：39.90 元

前言 PREFACE

2017 年 9 月，教育部颁布了《中小学综合实践活动课程指导纲要》（以下简称《纲要》），标志着我国中小学综合实践活动实施进入了一个新的发展阶段。《纲要》将综合实践活动课程作为国家必修课程并指出，“综合实践活动是基础教育课程的重要组成部分”“与学科课程并列设置”。同时，《纲要》将原三年级才开始设置的综合实践活动延伸至小学一年级，对中小学所有学段的综合实践活动进行了整体规划与全面设计，具有开创性意义。基于此，我们特编写了本教材，以满足国内小学综合实践活动课程教学的需要。本书体现了新课程改革的方向，注重理论与实践的结合，突出应用性技能的培养。

本书介绍了小学综合实践活动课程的目标、类型，重点阐述了小学综合实践活动课程的资源开发、设计、实施、评价、管理与建设等，结构编排合理，内容深入浅出，语言通俗易懂，且配有丰富的活动案例和阅读材料，集实用性、指导性、操作性于一体。具体来讲，本书具有以下几方面特色。

一、素质引领，铸魂育人

本书以培养学生正确的世界观、人生观和价值观为己任，将工匠精神、创新精神等元素融入正文内容和各个模块中，以培养学生与时俱进的中国精神，并引领学生认知教师工作的意义，成长为热爱教育事业，具有教育理想和教育情怀的高素质专业人才。

二、校企合作，职业引领

本书在编写过程中着重参考一线双师型教师和企业专职人员的意见和建议，系统地阐述了小学综合实践活动课程的资源开发、设计、实施、评价、管理和建设等内容，并将理论知识与技能方法紧密结合，能更好地培养学生小学综合实践活动的设计能力和实施综合实践课程教学的能力。

三、全新形态，全新理念

本书切实融入活页式理念，按照“必需、够用、兼顾发展”的原则组织内容，设有“知识链接”“阅读资料”“活动案例”“课堂讨论”和“提示”等体例，既有助于学生理解和掌握全书的内容，也有助于教师更好地推进教学工作。

四、平台支撑，资源丰富

本书紧跟时代步伐，利用现代科技手段，添加了丰富的微课资源。只需拿起手机“扫一扫”便可看到各类综合实践活动片段，既可帮助学生更好理解相关理论知识，又能够为学生提供可参考的教学实例。

与此同时，为了方便学校管理、教师教学和学生自学，本书与一款集教学管理、教学支撑于一体的文旌综合教育平台“文旌课堂”（www.wenjingketang.com）开展了深度合作，学校可借助该平台管理校本课程，教师可借助该平台管理各种教学资源（如教学课件、微课视频等）、布置作业、组织考试，学生可借助该平台阅读课外资源、提交作业、进行线上练习、参加考试等。师生在教与学的过程中有任何疑问，都可以登录该平台寻求帮助。

本书由彭娟、夏小林担任主编，由邵明、朱峥担任副主编。在本书的编写过程中，我们参考、借鉴了一些同仁的研究成果和资料，在此特向他们表示衷心的感谢。由于编者水平有限，书中难免存在不当之处，敬请读者批评指正。

目录 CONTENTS

第一章

综合实践活动课程概述

内容提要

综合实践活动是我国中小学新课程改革的结构性突破，作为一门立足学生直接经验、回归学生生活世界、关注学生亲身实践的课程，在重建新时代的课程观、教学观、学习观方面具有巨大潜力。本章将从综合实践活动课程的含义入手，通过对综合实践活动课程的产生背景、特点、基本理念及意义的分析，全面介绍综合实践活动课程的基本知识。

学习目标

- 了解综合实践活动课程的产生背景。
- 理解综合实践活动课程的内涵与特点。
- 领会综合实践活动课程的理念与意义。

素质目标

- 激发对小学教育事业的热爱。
- 树立崇高的职业理想和正确的职业价值观，培养社会责任感。

第一节　综合实践活动课程的产生

2017 年 9 月 25 日，教育部印发了《中小学综合实践活动课程指导纲要》（以下简称《纲要》），这是我国第一份正式颁布的覆盖中小学（1～12 年级）的综合实践活动课程指导性文件。《纲要》指出："综合实践活动是从学生的真实生活和发展需要出发，从生活情境中发现问题，转化为活动主题，通过探究、服务、制作、体验等方式，培养学生综合素质的跨学科实践性课程。"

扫一扫

教育部颁布《中小学综合实践活动课程指导纲要》

一、综合实践活动课程的萌芽

综合实践活动课程最早可以追溯至 19 世纪末 20 世纪初，这一时期欧美各国开启了"新教育运动"与"进步教育运动"等一系列的教育革新运动，当中有不少教育学家提出了活动对儿童发展的意义，如法国思想家、教育家卢梭与美国教育家杜威等。

卢梭在其教育专著《爱弥儿》中论述的"不同年龄阶段的儿童如何进行教育""如何自然发展""世界之外无书籍，事实之外无教材"等命题明确地展现了活动课程的萌芽状态。美国教育家杜威继承了卢梭的教育思想，他反对传统教育中以教师为教学中心，主张以学生为教学中心，进而开展有利于儿童生活的各类活动。

20 世纪初，全球的活动课程发展势头迅猛，美国教育家克伯屈创建的"设计教学法"作为活动课程的一种新形式，注重学生参与活动的自主性，通过具体实践来解决问题。

二、综合实践活动课程的发展

（一）国外综合实践活动课程的发展

20 世纪中叶以来，全球科学技术迅猛发展，以知识为导向的经济增长模式逐渐成为时代的潮流。为了适应当代社会的发展趋势，世界各国逐渐将创新精神、实践能力的培养作为学校教育的重要内容，开始追求课程的多元化与能动性，并相继把综合实践活动课程这一具有多元化特性的内容提上日程，在各年龄段的学校教育中加以实行。

例如，美国各州的中小学会根据地域的不同而开设具体的、不同类型的综合实践活动课程，既有体现综合性和实践性的"自然与社会研究"，也有极具地域特色的"社会参与性学习"；英国中小学的综合实践活动课程设置与美国相似，较具特色的是它的"自然与社会研究”多围绕政治、时事与文化等问题来设计。

法国中小学的综合实践活动课程的内容设置更多地强调多元化，所设计的“综合学习”课程需要跨两门或以上学习领域，要求学生综合运用多学科的知识和技能；日本中小学的综合实践活动课程的内容除设置“特别活动”课程外，还增设了“综合学习时间”课程。

以上各国的活动课程虽然名称、结构、内容各异，但是价值取向与所秉宗旨基本相似，即注重学生实践能力、创新素质的培养，从而促进其综合实践能力的提高。

课堂讨论

国外综合实践活动课程的发展与设置对我们有什么启示？

（二）国内综合实践活动课程的发展

长期以来，我国基础教育课程设置过于单一，基础课程占据大部分，活动课程缺乏。课程教学过于注重知识传授，学生多以被动接受、死记硬背等方式来学习课程内容，这一填鸭式教育方式的采用导致学生活动、实践经验不足，不利于学生综合素质的提高；课程评价重结果、轻过程，即重视学生书本知识的掌握程度，而忽视对其学习方式的引导和实践能力的考查，这影响着学生可持续发展和综合素质的养成，进而导致学生出现“高分低能”的现象。

为了培养学生的综合素质，丰富其课外生活，我国教育部于1955年颁发了《关于小学课外活动的规定》，明确了课外活动的内容、时间和实施细则，但并没有影响到基础教育课程体系设计中学术取向的根本性质。

20世纪80年代，我国教育界展开了一场关于课外活动课程化的讨论，随后，课外活动以第二渠道、第二课堂的形式在我国中小学蓬勃发展起来，备受关注；20世纪90年代，活动课程被纳入我国九年义务教育课程计划当中。许多中小学开展了一系列的活动课程实验，学校活动课程不断丰富，呈快速发展的趋势。

时至今日，经过了多年的探索与实践，活动课程在基础教育中的地位不断提高，教育者日趋重视这一课程对学生实践能力与创新能力的培养。2001年，我国教育部颁布的《义务教育综合实践活动课程指导纲要（试行）》中的综合实践活动课程对以往的活动课程进行了深化，标志着我国活动课程的发展进入了一个新台阶；2017年，《中小学综合实践活动课程指导纲要》正式颁布，标志着义务教育阶段基础教育课程改革实验圆满完成。

扫一扫

南京全面推行综合实践活动

第二节　综合实践活动课程的基本理念

一、课程目标以培养学生综合素质为导向

综合实践活动课程强调学生综合运用各学科知识，认识、分析和解决现实问题，提升综合素质，着力发展核心素养，特别是自信心、社会责任感、创新精神和实践能力，以适应快速变化的社会生活、职业世界和个人自主发展的需要，迎接信息时代和知识社会的挑战。

首先，综合实践活动课程可增强学生的自信心。这一课程灵活开放的教学方式，为学生搭建了展现自我的舞台，学生可在课程中充分发挥自己的特长，还可不断挖掘自身的潜能，并从中获得自信心；其次，综合实践活动课程还可提高学生的合作意识和社会责任感。这一课程以小组活动为主要方式，在小组这个学习共同体中学生可学会与人相处，发展协作能力、体验共同进步，从而增强合作意识与社会责任感；最后，综合实践活动课程可促进学生的创新精神和实践能力。这一课程提倡把探索发现、调查研究与社会参与等作为重要的学习方式，学生通过这些学习方式进行研究与实践，可提升其创新精神和实践能力。

阅读资料

打开孩子心灵的窗户

去年秋天，一个名叫陈佳的四川女孩转到我的班级。她学习成绩一般，平时沉默寡言，不善言辞，怕和老师打招呼，怕与同学交流，经常独来独往，总把自己封闭在一个小小的角落。同学们也不愿和她交朋友。这样的学生在班级上无疑是个非常自卑的“丑小鸭”。为了改变她的这种状况，我采取了很多方法，但都收效甚微。正当在我一筹莫展之际，学校开展的综合实践活动使我找到了打开陈佳心灵窗户的钥匙。

那次我班开展了认识蔬菜的综合实践活动。开展活动之前，为了了解我班学生对蔬菜的认识情况，我便让每个学生当场写出自己所知道的蔬菜名称，结果使我意外的是陈佳写得最多，整整写满了一张纸，甚至有些蔬菜名连我都未听说过。这时，我感到教育的契机来

了。我立即当众表扬了陈佳，还把她写的蔬菜名念给同学们听，所有的同学都非常惊讶，包括陈佳自己。放学之后，我留下陈佳谈心，我首先再次表扬了她，接下来又向她请教了一些蔬菜方面的知识。刚开始她还很紧张，随着谈话的深入，她慢慢地放松起来，打开了话匣子。接着我趁热打铁，和她商量她能否毛遂自荐担任小组长。刚开始，她连连摇摇手，说："我不行，老师，我真的不行。"在我多次鼓励下，并承诺我会帮助她，她才勉强答应了。

为了让她树立自信心，也为了让她在同学中间建立威信，在宣布之前，搞一次对蔬菜认识的座谈会，让陈佳在座谈会上充当小老师。在召开座谈会之前，我和她进行了多次的演练。这次座谈会上，陈佳有条不紊地介绍了十几种常见蔬菜的名称、形状及生长特点，全体同学对她报以热烈的掌声，第一次用敬佩的目光注视她，一致推荐她当本次活动小组组长。这时，我发现陈佳的眼神变得有光彩了，她悄悄告诉我："老师，没想到我也会讲，我也能当组长。"朴实的话语让我感觉到孩子心灵的窗户已经打开了。

陈佳选上组长后，像换了一个人似的，变得很自信且有主见。她给小组确立了一个活动主题"吃叶的蔬菜"，并制订了一份研究方案，还带着小组成员到她家的蔬菜棚进行实地调查。在共同查寻资料、互相交流探讨的过程中，陈佳变得越来越开朗，和小组成员交上了好朋友。在各小组汇报研究成果时，陈佳一组的调查报告完成得最出色，她的汇报又一次赢得了同学们的掌声，同学们再次向她投去了敬佩的目光。我也不得不对这个小姑娘刮目相看。

自此以后，我又有意识地在班级活动中，让她用四川方言表演小品，为她提供展现自己才华的舞台，她的那份幽默经常引得大家开怀大笑。由于自信心的重新确立，陈佳对学习的兴趣也越来越浓，表现出了前所未有的热情，课堂上积极发言，大胆地和同学们争论问题，一学期下来，成绩有了明显的提高。陈佳成功地迈出了自信的第一步，这使我相信每个孩子都有适合自己的一扇窗户，只要打开它，他们就会看到自身所蕴藏的潜能，就会坚守着心中的自信走过一生。

（资料来源：https://wenku.baidu.com/view/fa24d15127d3240c8447ef83.html）

二、课程开发面向学生的个体生活和社会生活

综合实践活动课程面向学生完整的生活世界，避免仅从学科知识体系出发进行活动设计，引导学生从与大自然的接触中、社会生活或日常学习生活中提出具有教育意义的活动主题，使学生获得关于自然、社会、自我的真实体验，建立学习与生活的有机联系，从而提升人的内在生活品质，充实个体的存在意义。

阅读资料

综合实践活动推荐主题

回归学生的现实生活意味着综合实践活动是“在生活中，通过生活并为了生活的课程”。我们可以从下面学生的活动主题的范围和内容感受到这一点。

一、关于社会生活问题综合实践活动的主题

社区公益服务我参与

走进敬老院、福利院

参与禁毒宣传活动

我是“非遗”小传人

二、关于学校生活问题综合实践活动的主题

我是校园志愿者

学习身边的小雷锋

红领巾爱心义卖活动

学会利用图书馆

三、关于家庭生活问题综合实践活动的主题

生活自理我能行

家务劳动我能行

今天我当家

学做简单的家常餐

三、课程实施注重学生主动实践和开放生成

不同于基础教育中的其他课程，综合实践活动课程作为一种经验性课程，要求学生回归自我的“生活世界”，并鼓励学生从自身成长需要出发，选择活动主题，主动参与并亲身经历实践过程，体验并践行价值信念。课程的实施建立在学生的活动经验和活动过程的基础上，强调学生的亲身经历和参与。并且，在实施过程中，随着活动的不断展开，学生可在教师指导下根据实际需要，对活动的目标与内容、组织与方法、过程与步骤等作出动态调整，使活动不断深化。

四、课程评价主张多元评价和综合考察

综合实践活动课程要求突出评价对学生的发展价值，充分肯定学生活动方式和问题解决策略的多样性，鼓励学生实行自我评价或同伴间的合作交流和经验分享。

与基础教育中的其他课程相比，综合实践活动课程多采用质性评价方式，一般将学生

在综合实践活动中的各种表现和活动成果作为分析考察课程实施状况与学生发展状况的重要依据，对学生的活动过程和结果进行综合评价。这一评价方式避免了将课程考核的评价简化为分数或等级，最终沦为单一的“书本世界”的教育。

提 示

量性评价是指根据数学教育目标，通过编制试题、量表等对学生进行测试，并按照一定的标准对测试结果加以量化分析的一种评价方法。

质性评价是指以人文主义为基础，通过文字、图片等描述性手段，对评价对象的各种特质进行全面充分的揭示的一种评价方法。20 世纪 70 年代以后，质性评价将量化评价取代，并逐渐兴盛起来。

第三节 综合实践活动课程的原则

一、整合性

整合性是综合实践活动课程的一大特点。在综合实践活动课程的设计和实施过程中，通常需要综合学生自身及其所处世界两个因素。从学生自身来看，其人格的发展具有整合性，而综合实践活动课程要求学生在多学科知识背景下进行思考与探究，给学生提供了提升自身素质与综合能力的平台；从学生所处世界来看，这个世界具有整合性，是个体、社会、自然等基本元素的统一体，这些元素正是综合实践活动课程的内容。

整合性这一特点要求综合实践活动课程在活动主题上，体现出个人、社会、自然的内在联系，整合、强化科技、艺术、道德等元素；在活动内容上，结合学生发展的年龄特点和个性特征，以促进学生的综合素质发展为核心；在课程立意上，均衡考虑学生与自我的关系、学生与社会的关系、学生与自然的关系这三个方面的内容。

二、实践性

实践性是综合实践活动课程的又一特点，即综合实践活动课程不是在学科知识的逻辑序列中构建与实施课程，而是以学生的现实生活与社会生活为基础开发和利用课程资源。

综合实践活动课程以活动为主要形式，强调学生亲身经历各项活动，在“动手做”“实验”“探究”“设计”“创作”“反思”的过程中进行“体验”“体悟”“体认”，要求学生在全身心参与活动的过程中，发现、分析和解决问题，体验和感受生活，发展实践创新能力。

阅读资料

移动式课桌的研究与制作

济南市王官庄小学开展的“移动式课桌的研究与制作”活动是一个以劳动制作为主体的活动。学生通过访谈、上网查资料、独立思考或集体讨论，研究、设计并绘制设计图；还要亲自动手，制作出课桌模型。在制作过程中，要用到许多工具，如螺丝刀、锯、钳子、锤子等。通过一系列的实践活动，学生的探究能力、分析能力、处理信息能力，以及动手制作的能力都得到提高。

三、开放性

综合实践活动课程具有开放性。首先，综合实践活动课程尊重每个学生的个性发展，其课程目标、课程内容、课程实施、课程评价等方面都具有开放性特点；其次，综合实践活动课程面向学生的整个生活世界，立足于学生的现实生活需要和社会需要。

教师要基于学生已有经验和兴趣专长，打破学科界限，选择综合性活动内容，鼓励学生跨领域、跨学科学习，为学生自主活动留出余地。此外，教师也要引导学生把自己成长的环境作为学习场所，在与家庭、学校、社区的持续互动中，不断拓展活动时空和活动内容，使自己的个性特长、实践能力、服务精神和社会责任感不断获得发展。

四、连续性

综合实践活动课程是一门对学生发展极富价值的课程，它具有连续性。这一课程本身就是不断发展的，它是教师和学生一起创建的课程。综合实践活动课程的内容设计应基于学生可持续发展的要求，并与设计周期相结合，从而使活动内容具有连续性。教师要促使活动内容由简单走向复杂，使活动主题向纵深发展，不断丰富活动内容、拓展活动范围，促进学生综合素质的持续发展。此外，教师还应协助学生处理好学期之间、学年之间、学段之间活动内容的有机衔接与联系，构建科学合理的活动主题序列。

五、自主性

综合实践活动课程是以学生的直接经验为基础而实施的课程，因此，课程设置应充分尊重学生的兴趣、爱好，为学生自主性的充分发挥提供广阔的空间。在综合实践活动课程的主题开发与内容选择阶段时，教师要重视学生自身的发展需求，尊重学生的自主选择。

此外，教师还要善于引导学生围绕活动主题，从特定的角度切入，选择具体的活动内容，并自主制订符合自身情况的活动目标，以提升学生自主规划和管理能力。同时，教师还要善于捕捉和利用课程实施过程中所生成的、有价值的问题，从而指导学生深化活动主题，不断完善活动内容。

课堂讨论

作为一位小学教师，你开设综合实践活动课程时会遵循什么原则？请举例说明。

第四节　综合实践活动课程的意义

《纲要》明确要求："综合实践活动是国家义务教育和普通高中课程方案规定的必修课程，与学科课程并列设置，是基础教育课程体系的重要组成部分。"可见，综合实践活动课程具有十分重要的意义。具体来说，其意义主要包括以下几方面。

一、培养学生的自主性

综合实践活动课程极大地培养了学生的自主性。具体内容如下：

第一，综合实践活动课程的探究主体由长期以来的以教师为中心，转变成了以学生为中心，教师仅以助手或顾问的身份对学生进行引导，这让学生拥有了对课程内容提供意见的权利，极大的参与性有效增强学生"乐于探究"的精神。

第二，活动课程探究的问题来自学生与其日常生活，是学生真正感兴趣的、真实可操作的；教师需根据他们自身发展的需求进行课程内容的制定，并且由学生自己来对内容进行筛选，以适应其自身的实际状况。

第三，综合实践活动课程探索的场所不再局限于教室，自然、社会生活中的各处都将成为学生接受知识的场所（见图 1-1），多元化的教学场所可增强学生学习的积极性与自主性。

教室　　其他场所

图 1-1　活动场所

二、提高学生的社会性

综合实践活动课程可提高学生的社会性。不同于传统学科的教学内容仅局限在书本知识的狭隘性，综合实践活动课程冲破了书本知识的局限，要求学生从社会生活中提出疑惑，并围绕人与自然、人与社会、人与自我三方面进行思考，随后开展探究、社会参与性体验与实验等活动，构筑对自然、社会、自我的整体认知，促进良好的价值观、人生观与社会观。如上所述，综合实践活动课程为学生架起了面向社会的桥梁，有效加强了学生对社会的认知与体验，从而提高了学生的社会性。

三、促进学生的创造性

综合实践活动课程可促进学生的创造性。这一课程既关注实践中的个体及其体验，也重视实践创新。长期以来，传统学科单一化的课程模式因过于重视结果而忽视对知识认知过程的关注，制约学生自主学习能力的发展，长久以往，将不利于学生创新精神与实践能力的培养。

而综合实践活动课程的设计与实施有效改变了这种单一化的课程模式。这一课程倡导学生走出教室、步入社会、融入自然，为学生的自主探索与实践创造了巨大的空间。在自主探索的过程中，学生不断反思，在反思中发现问题并寻找良策解决，如此一来，可以有效促进学生创造性的发展。在实践创作的过程中，学生则需充分调动自身的知识储备，通过调查研究、实验论证、交流合作与社会参与等方式完成实践创作的全过程。综上所述，综合实践活动课程为学生提供了一个自由灵活的空间，让学生得以进行学习活动，使其在不断的探索与实践中获得创造性上的提高。

阅读资料

如何培养学生的创造力

创新是一个民族的灵魂，是一个国家兴旺发达的不竭动力。在飞速发展的21世纪，我们必须重视和加强对学生创新意识与创新能力的培养。那么，在综合实践活动课程中，教师应如何促进学生进行创新呢？

一、好奇心，创新的前提

好奇心强是小学生显著的心理特征，是推动小学生积极主动地观察思考、展开创新思维的内部动因。保护小学生的好奇心，是促进小学生进行创新的前提。因此，在综合实践活动课程中，教师应鼓励他们提出问题，避免否定他们，保护好他们的好奇心。

此外，教师还应根据学生的特点，创设新颖有趣的情境，创造浓厚的探究氛围，激发学生的好奇心。例如，在一次实践活动中，一位老师通过“魔术”使一张蓝色的纸变成了粉红色。学生们看后，好奇地问“这是怎么回事”。老师便解释说，这是因为纸上涂有一种化学物质，这种物质失去水呈蓝色，得到水便呈粉红色。一波激起万重浪，学生们又提了很多关于这种化学物质的问题。

二、动手操作，创新的手段

科学研究表明，手是大脑的老师，当双手从事精细灵巧的动作时，能把脑部一些特殊的、最富有创造性的区域的活力激发出来。因此，在综合实践活动课程中，教师要为学生创设和提供动手操作的机会，使他们在操作中探究，在探究中创新。例如，教师可带领学生们进行折纸、雕刻、种菜等各种各样需要动手操作的活动。

三、想象，创新的法宝

爱因斯坦说过：“想象力比知识更重要，因为知识是有限的，而想象可以包罗整个宇宙。”的确，想象是创造的源泉。因此，在综合实践活动课程中，教师应努力创设各种情境，让学生充分发挥各自的想象力，开启创新思维。例如，在一次活动中，教师先向学生们展示了用橡皮泥做的花瓶，激发了学生们的创作热情，接着让学生们自由发挥想象，设计体现自己创意的作品。

思考与练习

1. 简述综合实践活动课程的产生背景。

2. 搜寻某一综合实践活动课程的案例，分析它是如何体现综合实践活动课程的基本理念的。

3. 试论综合实践活动课程列入基础教育课程体系的意义。

4. 选择一所小学，对该校综合实践活动课程的实施情况进行调查研究。

第二章

小学综合实践活动课程的目标

内容提要

小学综合实践活动课程的目标是教师在课程内容、教学实践、课程评价等方面的理论依据，具有导向、激励、制约和调控作用。本章主要介绍了小学综合实践活动课程的目标，通过对课程目标含义、内容与作用的分析，全面介绍了小学综合实践活动课程目标的设计原则与具体化构建。

学习目标

- 了解课程目标的含义与作用。
- 熟悉综合实践活动课程的总目标与学段目标。
- 掌握小学综合实践活动课程目标的设计原则与具体化构建。

素质目标

- 树立和践行因材施教的观念。
- 树立科学理念，尊重小学生身心发展规律。
- 增强爱岗敬业、服务社会的意识。

第一节　小学综合实践活动课程目标概述

一、课程目标的含义及其作用

（一）课程目标的含义

课程目标是指课程本身要实现的具体目标和意图，是期望一定教育阶段的学生在发展品德、智力、体质等方面达到的程度。课程目标可分为如下三类。

✧ **认知类**：包括知识的基本概念、原理和规律，以及思维能力。

✧ **操作类**：包括行为、习惯、运动及交际能力。

✧ **情感类**：包括思想、观念和信念，如价值观、审美观等。

课程目标是课程付诸实践的方向和归宿，也是课程设计的一个重要环节。此外，作为学校教育目标体系的重要组成部分，它还是教育理想、教育目的的体现，是培养目标在特定课程门类或科目中的具体化、操作化表述。

（二）课程目标的作用

1．导向作用

课程目标在综合实践活动课程中起导向作用。当课程目标偏重于专业知识的累积时，教师在课程的实践过程中应与之对应，采用讲授法教导学生完成此课程的学习；当课程目标偏重于活动课程的体验时，教师则应采用与之相应的探索发现法，引导学生完成课程内容的学习与吸收。

总而言之，课程目标既可为教师在课程内容的设计上提供明确的方向，也可为其在课程实施的过程中提供灵活的调整空间。

2．激励作用

课程目标在综合实践活动课程中起激励作用。在教学开始时，教师告知学生课程目标不但可帮助其明确方向，还可激发其探索与学习的欲望；在教学进行时，教师引导学生感受自身现有知识水平与设定的课程目标之间的差距，可让学生明确自身需提升的空间，从而激励学生学习的积极性。

3．制约作用

课程目标在综合实践活动课程中也起制约作用。当课程目标科学合理时，课程内容才能以不偏离主线的方式进行，并在结合各方面教学资源后，不断优化系统结构，充分发挥各要素功能，最终促进整体效能的提高。相反，当课程目标模糊不清时，课程实践将难以开展，宛如散沙。

4．调控作用

课程目标在综合实践活动课程中还起调控作用。课程目标通过对比与考查学生的认知、操作、与情感三方面的能力，来判断学生对课程的掌握情况，并根据学生的学习状况采取相应对策对教学方法、教学手段等加以修正。

二、综合实践活动的课程目标

（一）总目标

《纲要》指出："综合实践活动课程的总目标是学生能从个体生活、社会生活及与大自然的接触中获得丰富的实践经验，形成并逐步提升对自然、社会和自我之内在联系的整体认识，具有价值体认、责任担当、问题解决、创意物化等方面的意识和能力。"

综合实践活动课程的总目标主要囊括以下五个方面的内容：

第一，引导学生获得亲身参与实践的积极体验和丰富经验。

第二，引导学生形成对自然、社会和自我之间内在联系的整体认识，发展学生对自然的保护意识和对社会、对自我的责任感。

第三，培养学生善于发现并独立解决问题的能力。

第四，提倡学生创新精神的培养。

第五，培养学生社会交往的能力。

阅读资料

春风化雨润童心　德育教育促成长

德育教育是学校教育中的重要组成部分，是素质教育的核心，它关系到学生的健康成长。因此，学校德育工作是老师和家长非常关心的话题。那么，在综合实践活动课程中，教师应如何开展德育工作呢？

节日为媒："三爱教育"立德树人，点亮童心

教师可在节庆日来临时，开展以"爱党、爱祖国、爱家乡"为主题的教育，落实立德树人的根本任务。以综合实践活动为载体，用视频、图片、讲座等方式为学生讲解节日由来、党的革命历程、英雄事迹等，还可增设中华传统文化教育内容，引导学生树立正确的世界观、人生观、价值观，激发他们的爱国主义热情。

培根树人：用"智慧爱"愉悦身心，开阔眼界

教师应着眼新时代新要求，着力探索"以爱育爱"的教育模式，像父母一样爱学生，给予学生适合、适度、适应的教育，促进学生自然天性的均衡发展；秉承"以爱育爱、体验收获、快乐成长"教学理念，坚持以"实践的德育"为抓手，让学生在体验活动中愉悦身心、开阔眼界。

此外，教师还可开展与垃圾分类、保护环境等相关的综合实践活动，让学生们通过捡垃圾，对垃圾进行分类等方式，从小树立环保意识，增强爱祖国、爱家乡、爱自然的美好情感。

（二）学段目标

在总目标的指引下，《纲要》还分学段设计了综合实践活动课程的目标。小学阶段综合实践活动课程的目标如表 2-1 所示。

表 2-1 小学综合实践活动课程的目标

目标	具体内容
价值体认	（1）带领学生亲历、参与少先队活动、场馆活动和主题教育活动，参观爱国主义教育基地等，使其获得有积极意义的价值体验 （2）引导学生理解并遵守公共空间的基本行为规范，初步形成集体思想、组织观念 （3）培养学生对中国共产党的朴素感情，为自己是中国人感到自豪
责任担当	（1）围绕日常生活开展服务活动，能处理生活中的基本事务，初步养成自理能力、自立精神 （2）培养学生养成热爱生活的态度，具有积极参与学校和社区生活的意愿
问题解决	（1）能在教师的引导下，结合学校、家庭生活中的现象，发现并提出自己感兴趣的问题 （2）学会将问题转化为研究小课题，体验课题研究的过程与方法，提出自己的想法，形成对问题的初步解释
创意物化	（1）通过动手操作实践，初步掌握手工设计与制作的基本技能 （2）学会运用信息技术，设计并制作有一定创意的数字作品 （3）运用常见、简单的信息技术解决实际问题，使其服务于学习和生活

课堂讨论

你认为小学综合实践活动课程的目标还可以从哪些方面进行分类？举例说明。

第二节 小学综合实践活动课程目标的设计原则

一、设计层次性目标

在小学综合实践活动课程目标的设计过程中，应注意对目标层次性的把握。一般来说，课程目标可分为最高目标与最低目标。其中，最高目标是指在理想状态下，课程实施可达到的最优效果；反之，最低目标则是指在综合考虑各种因素的基础上，在最高目标未达成的情况下，调低标准到最低限度的目标。

在目标设计的过程中，不能一味地强调最高目标，进而因预期结果不理想而制约了课程的实施；也不能只设定最低目标，容易导致学生的兴趣与积极性下降。因此，在设计课程目标时，需充分考虑目标的层次性，并结合活动与学生的实际状况来设计出最佳课程目标。

二、突出重点型目标

在小学综合实践活动课程目标的设计过程中，还需突出重点型目标。综合实践活动旨在培养学生的综合素质，一个活动往往可达成多种目标。例如，教师带领学生参观爱国主义教育基地，既可以培养学生的爱国主义精神，也可以提高其参与学校和社区生活的意愿。

然而，由于活动类型与内容的不同，活动目标的侧重点也会有所不同，如前面所述的参观爱国主义教育基地的活动，其重点目标为培养学生的爱国主义精神，这一重点目标优先于其他目标而存在。活动目标的设计切忌面面俱到，而应突出重点型目标及其具体内容。

三、关注生成性目标

在小学综合实践活动课程目标的设计过程中，需关注生成性目标。生成性目标是指在教育情境中随着教育过程的展开而自然生成的课程与教学目标，是问题解决的结果，是人的经验生长的内在要求。教师在进行小学综合实践活动课程目标的设计时，应把握活动课程中具有动态性的生成性目标，并用这一生成性目标来引导与调整活动课程的实践内容。

例如，教师教导学生关于植物的知识，让学生通过阅读与讨论的方式说出三种常见植物，在这一过程中，教师可根据学生的反馈而适当地增加或减少学生需说出的植物数，以提高或降低课程目标的难度，进而促进学生学习主体地位的落实。

四、注意相容性目标

在小学综合实践活动课程目标的设计过程中，需注意对目标相容性的把握。在综合实践活动中，目标往往是一个有机整体，这个整体中囊括有许多目标，这些目标共同推动着活动课程的最大化。所谓目标相容性就是指这一整体中的目标之间需具有一定程度上的一致性，不能相互冲突，否则不利于活动课程目标的实现。

五、以学生为导向来设计目标

小学综合实践活动课程改变了长久以来以教师为中心的教学模式，转而采用以学生为中心的形式来实现其课程目标。在课程目标的设计过程中，需注意要以学生为行为主体进行思考，进而设置出符合学生实际程度与发展需求的课程目标。

【活动实例 2-1】

全球性的作物——稻米

一、活动目标

1. 主动参与活动，体验成为课堂“主角”的感觉。

2. 掌握正确运用所学知识来解决问题的方法。

二、活动准备

黑板，世界地图一张

三、活动过程

1. 讨论

教师在黑板写上“全球性的作物——稻米”，并让学生讨论：“为什么米是一种全球性作物？为什么每天有 24 亿人要吃米？”随后，让学生在世界地图上找出主要的产米地区，并说出米在这些地方能种植的原因。

2. 辩论

教师将全体学生分成两组，就“世界各地都能够种植米吗？”进行正反双方的辩论。

3. 比较

教师让学生对中国的产米技术和国外的产米技术进行比较。

4. 测试

教师让学生拿出练习本，做一个有关稻米话题的小测试，共有 5 道题，均为判断题。题目如下：

（1）全世界生产了足够的食物来满足所有的人。

（2）世界上的一些地区食物短缺是因为那些地区人口密度太高。

（3）现代西方农场要比东南亚传统地区的产米量高。

（4）谷类作物是非常重要的食物来源，世界上还有 50%的谷类产品最后成了动物的食物。

（5）许多国家不能提供米给他们的人民，但可以出口几十万吨的商品作物，如茶、梨、菠萝、花生、香蕉和棉花等。

四、活动小结

此案例关注的非知识本身，而是学生如何运用知识来解决问题。活动过程中包括问题探究、现实分析与结论生成等环节，学生在教师的引导下成为课堂里的“主角”，充分体现以学生为导向设计活动目标的意义。

六、以结果性语句来表述目标

在小学综合实践活动课程目标的设计过程中，多以结果性语句来表述活动目标。例如，“理解并遵守公共空间的基本行为规范”“形成集体思想、组织观念”等。使用结果性语句可以明确表达出活动课程最终需达成的结果，进而方便学习者更好地去理解与执行课程内容。

课堂讨论

你认为小学综合实践活动课程目标规定的设计原则都需要在一个活动中落实吗？为什么？

第三节　小学综合实践活动课程目标的具体化

小学综合实践活动课程的总目标概括性较强，对师生顺利开展具体的活动课程的指导意义不大。因此，将课程目标具体化可帮助解决总目标过于抽象化的问题，具有现实意义。小学综合实践活动课程目标具体化的实现方式如下。

一、明确目标所属的维度

美国心理学家本杰明·布鲁姆（Benjamin Bloom）将教育目标划分为认知、操作与情感三个维度，共同构建教育目标体系。在小学综合实践活动课程目标具体化的过程中，应优先明确所述活动课程目标是属于三个维度中的哪一维度。

【活动实例 2-2】

关于“零花钱怎么用”的目标分析

认知性目标

1. 通过开展班级内的调查统计活动，熟悉各种常用的调查方法并对全校进行零花钱使用情况的调查统计；

2. 在家理财的活动中，掌握根据调查数据进行分析、判断的基本方法，逐步形成正确的价值观；

3. 通过开展为零花钱合理消费作出预算的活动，掌握简单的理财方法。

操作性目标

1. 通过对自己零花钱使用情况的回顾，具备初步的观察生活、发现问题的能力；

2. 针对围绕零花钱所提出的问题开展调查研究活动，形成积极解决问题的态度和能力；

3. 在调查、统计、分析活动中，获得对所学知识进行综合运用的能力。

情感性目标

1. 在调查、研究、设想、行动、检验等实践活动中，培养合理消费的意识和能力，形成良好的消费习惯；

2. 通过开展此次活动，树立健康的价值观和正确的消费观；

3. 学生在亲身参与实践活动的过程中，获得积极的体验和丰富的经验；

4. 在调查统计活动中，养成合作意识及实事求是的分析问题的能力。

二、区分目标的不同水平

在明确目标所属的维度后，还需根据布鲁姆教学目标分类法中的三个维度来区分目标所应达到的不同水平，具体内容如表 2-2 所示。

表 2-2　三个目标维度的水平及其具体内容

维度	水平	具体内容
认知性目标	了解水平	（1）回忆与复习课程知识 （2）识别、辨认事实或证据 （3）列举属于某一概念的例子 （4）描述对象的基本特征
	理解水平	（1）把握事物间的内在逻辑 （2）建立新旧知识间的联系 （3）进行解释、推断、区分与扩展 （4）提供证据 （5）完成信息的收集与整理
	应用水平	（1）归纳、总结与运用规律和原理 （2）建立不同情境下的合理联系
操作性目标	模仿水平	（1）在教师示范与指导下完成操作 （2）对所提供的对象进行模仿与修改
	独立操作水平	（1）独立完成操作 （2）进行调整与改进 （3）建立与已有技能的联系
	熟练操作水平	（1）在新情境中熟练完成操作 （2）理解同一操作技能在不同情境中的适用性

表 2-2（续）

维度	水平	具体内容
情感性目标	经历/感受水平	（1）从事并关注相关的活动 （2）建立对活动的感性认识
	反应/认同水平	（1）在经历的基础上获得并表达感受、态度和价值判断 （2）在表达的基础上作出相应的反应
	领悟/内化水平	（1）树立个性化的价值观 （2）建立稳定的态度 （3）养成良好的习惯

三、选取合适的行为动词

行为动词是指表示动作的动词，亦称实义动词，如掌握、学会等。在目标的设计过程中，使用符合课程内容客观发展的行为动词，可充分表明学生在这一活动课程中所要达成的内容，对评估学生在活动课程中的表现起促进作用。值得注意的是，不同的目标维度在不同的水平层次上所使用到的行为动词也不尽相同（见表 2-3），教师需根据对课程目标所属维度的判定，进而选择合适的行为动词以表示所要达成的目的。

表 2-3　三个目标维度在不同水平层次的常用行为动词

维度	水平	行为动词
认知性目标	了解水平	知道、说出、选出、熟悉、辨认
	理解水平	说明、理解、分类、比较、解释
	应用水平	掌握、分析、归纳、概括、改善
操作性目标	模仿水平	重复、模仿、模拟、例证、再现
	独立操作水平	表现、完成、安装、操作、运用
	熟练操作水平	掌握、实现、创新
情感性目标	经历/感受水平	参与、经历、体验、感受、观察
	反应/认同水平	关注、提出、获得、确认、欣赏
	领悟/内化水平	树立、发展、养成、具有、增强

四、采用恰当的活动形式

恰当的活动形式的采用可将抽象的目标具体化。所谓活动，主要由刺激、反应和标准三部分构成。其中，刺激部分为课程活动所给定的情景和条件；反应部分为学生做出的行为和反应；标准部分则为评价活动的依据。例如，培养学生对交通工具的认知能力，可以确定以下目标：

✧ **刺激部分：**给出 5 种不同的交通工具模型。

✧ **反应部分：**学生可准确说出这些交通工具的名称与特点。

✧ **标准部分：**正确回答 4 种及以上的为优秀，3 种的为及格，3 种以下为不及格。

五、使用准确的操作性描述

操作性描述是指对学习者在实践活动课程中的执行事项进行准确描述，它一般包括三个元素：对学生行为的表述、对学生行为条件的表述及对学生行为水平可接受的最低限度的规定。

对学生行为的表述是指学生在实践活动课程中做了什么。例如，让学生说出汽车的形状。只有学生执行了这一行为，才能知道学生是否达到了预设的目标。

对学生行为条件的表述是指学生在实践活动课程中的学习环境。这个学习环境既包括课程发生的地点，也包括课程所用的材料、方式方法与时间等。例如，利用网络、文献资料，让学生说出汽车的形状。

对学生行为水平可接受的最低限度的规定要在活动目标中表述出来。例如，在三分钟内，至少要说出三种不同形状的汽车。

包括上述三方面内容的目标，便可算作一个准确的操作性描述。例如，“有趣的汽车”的知识目标“了解汽车的知识”的操作性描述就可以表述为：利用网络、文献资源，说出汽车的形状，至少要说出三种。

思考与练习

1．简述课程目标的含义与作用。

2．分析我国综合实践活动课程的总目标与学段目标之间的联系。

3．选取某一综合实践活动案例，对其活动目标进行分析，并陈述其是否符合课程目标的设计原则。

4．选择一所小学，为该校某年级的学生设计一个综合实践活动，并陈述其活动目标。

第三章

小学综合实践活动课程的类型

内容提要

《中小学综合实践活动课程指导纲要》提出综合实践活动课程的主要方式是考察探究、社会服务、设计制作、职业体验等，并推荐了一批适合中小学开展的活动，着力于提升综合实践活动课程的思想性、实践性和可操作性。本章主要介绍考察探究、社会服务、设计制作、职业体验的含义、特点、意义、目标、内容及其要求等，以为教师开展综合实践活动教学和进行具体的活动设计提供参考。

学习目标

- 了解考察探究、社会服务、设计制作、职业体验活动的含义、特点与意义。
- 明确考察探究、社会服务、设计制作、职业体验活动的目标。
- 掌握考察探究、社会服务、设计制作、职业体验活动的内容。

素质目标

- 通过教学过程，培养问题探究精神。
- 注重学思结合、知行统一，培养爱岗敬业的职业精神和协作共进的团队精神。
- 深刻体会榜样的力量，学习榜样精神，汲取榜样力量。

第一节　考察探究活动

一、考察探究活动概述

（一）考察探究活动的含义

考察探究活动是指学生基于自身兴趣，在教师的指导下，从自然、社会和自身生活中选择和确定研究主题，开展研究性学习，在观察、记录和思考中，主动获取知识，分析问题、解决问题的课程学习活动，如野外考察、社会调查、研学旅行等。

考察探究活动的关键要素包括发现并提出问题；提出假设，选择方法，研制工具；获取证据；提出解释或观念；交流、评价探究成果；反思和改进。它注重运用实地观察、访谈、实验等方法获取材料，以利于培养理性思维和勇于批判、勇于探究的精神。

教育部公布的《中小学综合实践活动课程指导纲要》中关于考察探究活动的推荐主题如表 3-1 所示。

表 3-1　考察探究活动推荐主题

学段	主题	简要说明
1～2年级	神奇的影子	体验踩影子游戏、手影游戏的乐趣，了解影子在生活中的应用；创作、交流简单的手影游戏、故事、舞蹈，初步体验科学探究的乐趣
	寻找生活中的标志	寻找生活中的标志
	学习习惯调查	了解和观察本班（年级）同学在读写姿势、文具使用、阅读与写字等方面的习惯，讨论、总结不良学习习惯的表现、危害，研究和分析养成良好学习习惯的方法；开展主题班队会，增强对学习习惯重要性的了解和重视。持续开展学习习惯宣传与纠错活动，相互帮助，自觉养成良好的学习和行为习惯
	我与蔬菜交朋友	通过访问和交流，了解同学们对吃蔬菜的态度；到菜市场或菜田考察蔬菜的形状、种类，了解蔬菜的营养对成长的重要性；选择种植一种芽苗菜，体会种植的快乐与辛苦，增进对蔬菜的情感
3～6年级	节约调查与行动	通过访问、调查、实地考察等多种方式，了解家庭（或学校、社区某些场所）的水（或电、粮食、一次性生活用品等）的浪费情况，设计有针对性的节约方案；开展节约（合理用电、光盘行动、减少一次性用品使用）倡议与行动，并记录、分析效果，提高实践能力，增强节约资源的意识
	跟着节气去探究	结合二十四节气，观察身边的植物、动物、天气等物候变化；长期坚持，认真做好记录，并尝试编制当地的自然日历，理解农业生产与物候变化的关系。关注自然现象，探索自然变化，初步树立严谨求实、一丝不苟的科学态度
	我也能发明	观察、分析、讨论日常生活中各种用品、物件使用过程中的问题；学习和运用发明创造的多种方法，针对发明创造对象进行功能改进或重新设计，并在实际生活中加以应用和检验，提高动手能力，培养创新精神

表 3-1（续）

学段	主题	简要说明
3～6年级	关爱身边的动植物	观察身边常见的动植物，如校园植物、家庭（社区）宠物、大自然中的各种昆虫、农田中的动植物等；选择其中一种或多种进行小实验，并分析与研究，了解其自然特征（习性）并自觉加以保护，增强关注自然、热爱自然的情感，提高科学探索能力
	生活垃圾的研究	收集资料了解国内外垃圾分类和处理的有关情况，调查、了解身边各种生活垃圾的处理方法；分析针对现状问题可采取的措施，设计家庭（学校、社区）垃圾箱和垃圾有效分类回收的方案，增强环境保护意识
	我们的传统节日	结合时令，选择端午节、中秋节、重阳节、春节等一个或几个传统节日，利用收集资料、访问、实地考察等方法，了解节日的来历、习俗、故事等；参与体验该节日的 1～2 种习俗活动，并进行交流分享，增强对传统文化的探究意识和认同感
	我是“非遗”小传人	了解非物质文化遗产（如“二十四节气”等）的种类、特点、保护现状，访问本地非物质文化遗产传承人；讨论传承和保护非物质文化的方法、措施和建议，开展非物质文化遗产的传承活动。理解、认同家乡传统文化，并乐于传承
	生活中的小窍门	通过资料收集、调查、实地考察等方式了解各种生活小窍门，通过动手实验加以验证，设计宣传方案。丰富生活经验，锻炼动手实践能力
	零食(或饮料)与健康	调查、交流同学们吃（喝）零食（饮料）的现状；通过查阅资料、访谈了解其对健康的影响；了解科学选择零食（饮料）的方法；动手制作 1～2 种健康零食（饮料），召开班级展示与分享会，增强健康的饮食意识
	我看家乡新变化	通过调查、访问、参观等多种方式，了解和感受家乡在经济、文化、建筑、交通、生活方式等方面的变化与发展，用摄影、绘画、手抄报、作文、故事等形式，展示家乡的新变化，增进知家乡、爱家乡的情感，增进建设家乡、建设祖国的责任感、使命感
	我是校园小主人	通过观察、访问、实地考察等方式，了解和分析校园的自然环境、规划布局、设施设备、文化景观、文化活动及安全保障等方面的状况，提出校园建设和发展建议，增进知学校、爱学校的责任感
	合理安排课余生活	通过调查和了解同学们在课间、假期等时间的生活安排情况(如学习培训、健身、业余爱好等)，分析合理安排课余生活的方法与要求，制订合理利用课余生活的计划，开展有意义的课余活动，体验并记录活动感受，养成健康的生活习惯，增强自我管理意识
	家乡特产的调查与推介	通过资料收集、访问、实地考察等多种方式，了解和调查家乡的特产；设计与策划推介方案，增进热爱家乡、关心家乡、建设家乡的感情
	学校和社会中遵守规则情况调查	收集信息了解学校和社会中的各种规则，如校规校纪、交通规则、公共文明行为准则等，增强遵规守纪意识；观察同学和社会公民在遵守规则方面的实际表现；通过访谈或问卷调查了解人们遵守规则的情况；针对观察、调查中发现的实际问题，提出提高人们规则意识的建议
	带着问题去春游（秋游）	在春游（秋游）外出考察前，利用网络、书籍等多种途径，了解所去场所的基本情况、资源内容与特点，提出研究问题，设计考察方案；通过任务驱动的方式，有效地开展实践活动，获得研究结论。培养项目设计的意识和能力，积极参与校园生活，增强团队合作意识

（二）考察探究活动的特点

1. 问题性

每一次的考察探究活动都是围绕问题展开的，重在考察学生发现问题、提出问题、分析问题与解决问题的能力。

2. 探索性

在考察探究活动中，学生不是被动地记忆、理解课堂知识，而是以类似科学研究的方式通过调查、访问、考察、观测、查资料、做实验等多样化的探究活动展开学习，从而有助于转变学生单一的知识接受性学习方式和简单的技能训练性活动方式。

3. 开放性

考察探究活动的开放性体现在课程内容与课程设置两个方面。

在课程内容上，考察探究活动的内容不是特定的知识体系，而是来源于学习和生活，立足于研究和解决学生关注的一些社会问题或其他问题。同时，考察探究活动涉及的范围很广，可能是某学科的，也可能是多学科综合、交叉的；可能偏重于实践方法，也可能偏重于理论研究。

在课程设置上，考察探究活动不局限于课堂，而是让学生走出书本，走向社会，利用图书馆、网络、调查、访问等手段，最大限度地收集资料，从而把课内与课外、学校与社会联系起来，培养学生进行多方位思考的思维习惯。

4. 过程性

考察探究活动关注学生的探究过程，主张通过主动探索、亲身实践的过程来使其学会关注自身的学习生活与社会生活，以使其获得直接经验，培养其动手能力、创新精神和解决问题的能力，并通过其在探究活动中品尝到的过程的艰辛、失败的苦涩和成功的喜悦，培养其勇于开拓、不惧困苦的科学精神。因此，考察探究活动的价值更多地体现于过程而非结果当中。

（三）考察探究活动的意义

1. 有利于转变“教与学”的方式

长久以来，我国基础教育课程的教学方式以“讲授式”“灌输式”“填鸭式”为主，学生逐渐形成了被动接受、死记硬背的学习方式。而考察探究活动课程转变了传统的“教”与“学”的方式，在活动过程中，教师角色从“知识权威”“教书匠”变成了参与学生学习活动的组织者、协作者、引导者，学生从知识的被动接受者变成了主动探索者，极大地带动了学生的学习积极性。

2. 有利于培养学生的创新精神与实践能力

考察探究活动鼓励学生根据自己对生活和社会存在的疑问来构建研究的主题。同时，指导学生以科学的态度对待所提出的问题，在探究过程中逐渐学会用已学知识、方法、技能分析和解决问题，并以创造性的方式展示自己的研究成果，从而使学生的创新意识、动手能力得到实际锻炼与发展。例如，在《认识纺织材料》课程中，需要比较棉布和尼龙的不同。教师可以引导学生结合自己生活中看到过或使用过的布料寻找答案，鼓励学生在课下通过网络、阅读、调查等方式收集资料，加深对这两种布料的认识；课上，通过用放大镜观察、感受实物的手感不同、比较两种布料的牢固程度、用火柴烧并比较气味、把布料浸入水中进行吸水性实验等方法探究问题的答案，使学生能够用科学的眼光看待事物，提高创新意识和实践能力，培养对科学发现的兴趣。

3．有利于提高学生的综合素质

在考察探究活动过程中，学生经历了知识的调动、内容的分析、课题的提出等一系列过程，提高了其知识应用、问题处理、实际操作等能力，有效地促进了学生综合能力和综合素质的提升。例如，在关于“零花钱怎么用”活动中，学生联系实际生活，通过分析其中的有效信息（如城乡学生的零花钱对比、乱用零花钱对自己的影响等），得出一个研究课题，即“怎样合理使用零花钱”。再通过查阅资料、采访同伴、社会调查等探究过程，使学生在懂得科学、合理地使用零花钱的同时，还掌握了一些研究方法，提高了分析与处理问题的能力。

4．有利于发展学生的团体合作与交流能力

考察探究活动通常要求学生以小组的形式进行，学生之间必须形成关爱、尊重、理解、合作的关系才能真正有效地解决和研究问题，从而有力地促进了学生的合作与交流能力协调发展。

二、考察探究活动的目标

小学阶段考察探究活动的目标主要以“问题”为链条，带动相关素质的养成。依据《中小学综合实践活动课程指导纲要》，小学考察探究活动的目标可以概括为：激发观察生活、发现与探究问题的兴趣；初步学会观察与发现，发展探究问题的能力；养成合作交流、分享的良好习惯；培养科学的态度和科学的精神；初步形成对自然和社会的责任意识。

三、考察探究活动的内容与要求

（一）考察探究活动的内容

扫一扫

广州市华阳小学的研学之旅

考察探究活动的内容与只呈现事实和规律的学术性课程内容有所不同。它既可以是对自然、社会与学科的探讨，也可以着重对某一领域中的某一问题进行深入研究。考察探究活动更多地关注于学生的生存环境、生活背景和经验阅历，内容也多涉及学生的社会生活、学校生活和家庭生活各方面。因此，考

察探究活动的内容可以从自然、社会和学生自身生活三方面考虑，由于活动主题具有综合性，这三个方面的主题并非截然分开，有些主题也可能同时包含其中两方面，甚至三方面的内容。

1. 人与自然

人与自然方面的内容选择主要是引导学生走进自然、感受自然、探究自然，对与人的生存环境相关的自然现象、自然资源、生态环境、能源利用、科技发展等问题开展研究，逐步形成关爱自然、保护环境、勇于探索的意识和能力。

【活动实例 3-1】

保护水资源

一、活动背景

水是生命之源，生命之本，是关系到人类生存和社会发展的基本物质条件。近年来，随着社会工业化进程的加快和经济的迅猛发展，水资源的不合理开发和利用、浪费现象等问题越来越突出，使本来就十分短缺的淡水资源更加紧张。现在，世界上还有 20 亿人口处于严重的缺水状态，每年因饮用了被污染的水而死亡的儿童就有 5 000 万人。水资源危机，已经向人类敲响了警钟。因此，如何节约用水和保护水资源，已成为实现可持续发展的一个无法回避和必须解决的问题。

二、活动目标

（1）通过参观、考察、访问与整理等多种方式，了解家庭（或学校、社区某些场所）的水的浪费情况，设计有针对性的水资源节约方案。

（2）实行保护水资源的倡议与行动，并记录、分析效果，提高实践能力，增强保护水资源的意识。

三、活动过程

1. 准备阶段

（1）教师讲述活动目的，并简单介绍我国水资源的分布情况和水的污染情况。

（2）引导学生通过网络、书籍等媒介搜集有关水资源匮乏和污染的相关资料，并与其他同学分享与探讨。

2. 实施阶段

（1）参观。带领学生参观附近的污水处理厂，请水厂的技术人员介绍当地每天的用水量，生活中污水的来源，污水处理的办法、过程等相关知识，使学生对居民日常生活用水情况有一个基本的了解。

（2）考察。引导学生调查自己所住社区、学校、公共场所等浪费水的现象，了解造成浪费的原因并进行分析。

（3）采访。准备一些关于水资源合理利用与污染的问题，采访相关的专家，并请专家介绍本地治理水污染的举措和对未来水资源利用的规划。

（4）整理。搜集、拍摄、剪辑和整理相关照片、视频等，记录整理后所观察到的结果，写一篇参观访问记。

3. 评价阶段

（1）教师将全体学生进行分组（6 人为一组），让学生对实践过程中掌握的知识进行整理，随后在课堂上进行小组汇报。

（2）教师可让学生围绕活动主题，每月出一次墙报，并举行手抄报比赛、摄影作品比赛等，以各种形式展示调查研究成果。

四、活动总结

（1）教师总结。

（2）号召全体学生写一份倡导书，使其积极投入到这项活动中来。

2. 人与社会

人与社会方面的内容选择主要是引导学生关注和探究社会历史变迁、社会经济、社会保障、公共设施、传统文化等方面的问题，增进对社会的了解与认识，增强社会责任感。

【活动实例 3-2】

调查身边的公共设施

一、第一课时

1. 活动目标

（1）了解常见公共设施的名称及作用，体会公共设施和生活的密切联系。

（2）了解各种设施所在的位置和使用情形。

（3）知道并学会借助相关的公共设施解决生活中遇到的实际问题。

（4）能够自觉爱护公共设施，懂得爱护公共设施，人人有责。

2. 活动准备

学校周围公共设施的录像、教学课件、常用公共设施的资料、表格等。

3. 活动过程

（1）设置情景，揭示课题

教师出示图片或录像。例如，公园里，找不到垃圾桶装吃完、用完的废弃物；去朋友家玩迷了路，不知道该往何处走；逛街喝了很多水，却找不到厕所等。

教师：同学们有没有遇到过像图片（录像）上一样的尴尬场景？这个时候最需要什么？（学生发言）其实在生活中，我们很多人都会遇到类似的情况，而这些能为大家提供便利的物品或场所就是公共设施。

（2）寻找公共设施，了解其作用

① 了解常见公共设施的名称及其作用。

教师：我们的学校周围也有很多公共设施。（播放录像：学校周围的公共设施）同学们知道这些公共设施都有哪些用途吗？（教师组织学生分组讨论，完成表格）公共设施是为大家提供方便的。它们也许并不起眼，但却不能缺少。现在，请同学们想一想，如果没有这些公共设施，会出现什么情况呢？（学生分组讨论，各组派一个代表发言，教师归纳总结）大家说的都很正确，公共设施已经成为我们生活中必不可少的一部分，它使我们的生活更加丰富，更加方便。

② 了解专用的公共设施及其作用。

教师：刚才说的都是我们日常生活中常见的公共设施。其实，在生活中还有一些公共设施是专用的，你们知道有哪些吗？（教师可以出示消防设施、老年活动中心等图片提示学生）为什么要设置这些专用的公共设施？（学生分组讨论和交流，各组派一个代表发言，教师归纳总结）

③ 了解看不见的公共设施及其作用。

教师：在我们生活中，公共设施无处不在。请问，为什么路上会有很多的井盖呢？（教师出示课件“地下探秘”）你发现了什么？你知道这些下水道里的管子有什么作用吗？（学生分组交流）这些公共设施为什么要埋在地下？（为了让城市更整洁、更安全）

（3）师生一起归纳小结。（公共设施在我们生活中到处可见，必不可少）

二、第二课时

1. 活动目标

（1）了解公共设施的服务对象和功能，并能进行比较和归类。

（2）进一步体会公共设施的重要性。

2. 活动准备

（1）课前指导学生观察身边的公共设施。

（2）请学生分组搜集公共设施的资料，并进行整理和归类。

3. 活动过程

（1）活动一（比一比）

教师：上节课，我们认识了公共设施，同学们在课后也进行了一些调查。现在请大家把你们所调查到的公共设施名称写在每组的小卡片上（每张卡片上写一个），然后贴在小黑板上，看看哪个组找到的最多。（学生分组活动，评出最佳小组）

（2）活动二（想一想）

教师：再请同学们想一想，为了更好地使用这些公共设施，需要设置专门负责管理和维修的部门。可是那么多的公共设施，该怎么管理呢？你们有什么好办法？（分类管理）怎么分呢？（请各小组讨论分类方法）

（3）活动三（试一试）

① 教师请各组学生根据自己所制定的分类方法对公共设施进行分类。

② 每个组派一位代表讲一讲分类的依据，看看哪个小组的分类最合理，选出最佳小组。（教师和其他学生可以对分类进行质疑，帮助及时修改分类中的不当之处）

③ 各小组根据最佳方案，修改各自的分类。

（4）总结

在我们的生活中，公共设施不仅数量多，而且种类也多，合理的分类才能更有效地利用它们。

三、第三课时

1. 活动目标

（1）学习一些制图方法，合作制作学校周边公共设施分布图。

（2）能对学校周边公共设施的分布情况提出看法和建议。

2. 活动过程

（1）交流资料，了解设施

① 教师组织学生以小组为单位，到学校附近考察公共设施。

② 学习方法，合作制图。

教师：如果想要向你的家人介绍学校附近的公共设施，我们可以通过制作一张公共设施分布图来完成。（出示一张以学校为中心，已表明主要道路，并确认学校和周围大建筑物的位置的空白地图）那么，怎样才能制作公共设施的分布图呢？我们可以通过设计图例来解决这一难题。（教师详细讲解如何设计图例，制作分布图，学生分组制作）

（2）总结与建议

通过制作公共设施分布图，大家对学校附近的公共设施布局有了更全面的了解，你还有什么好的建议吗？可以把这些建议提供给相关部门，使公共设施更好地为人们服务。

3. 自我认知

能够正确认识自我是每个人进步与发展的前提，因此，自我认知也是考察探究活动的内容之一。学生通过对个人成长经历、性格特点、兴趣爱好、生活习惯等方面的研究，能更加深入地了解自我、反思自我、发展自我，从而逐步实现自我的发展与完善。

【活动实例 3-3】

学习习惯调查

一、活动背景

随着社会的发展，教育不仅要传递知识、培养学生的综合能力，而且还要注重培养学生良好的学习习惯和优良的个性品质。小学阶段是学生形成良好学习习惯的关键时期，一个学生的学习成绩好与不好，很大程度上取决于他是否具有良好的学习习惯。有些小学生在学习中存在着许多不良习惯，如字迹潦草、书写不规范、不善于独立思考、抄他人作业、从不预习或复习、注意力不集中、偏科等，严重地影响了后继学习。为了使学生认识到养成良好学习习惯的必要性，使学生学会学习，特组织了此次调查活动。

二、活动目标

促进学生相互帮助，自觉养成良好的学习和行为习惯。

三、活动准备

师生一起制作学习习惯调查表（见表 3-2），学生分组在校内进行学习习惯的问卷调查。

表 3-2　学习习惯调查表

根据自身情况判断以下行为，有的打√，没有的打×。

（1）学习时间不固定　（　　）

（2）课堂上总是注意力不能集中　（　　）

（3）没有学习目标　（　　）

（4）不爱用工具书，总是马马虎虎地应付学习　（　　）

（5）不懂不会也不问　（　　）

（6）学习时沉迷于空想　（　　）

（7）快下课时就听不进去了，开始想着课后的娱乐活动　（　　）

（8）做作业前不温习，做完作业不相信自己，总要找人对对答案　（　　）

（9）作业和试卷从不认真分析和检查　（　　）

（10）做作业或复习时，常做一些小动作　（　　）

（11）一玩起来就忘记做作业　（　　）

（12）喜欢边做作业，边听音乐或者看电视　（　　）

（13）学习用具乱扔，用时总也找不到　（　　）

（14）没有复习的习惯　（　　）

（15）喜欢哪科学哪科，偏科　（　　）

（16）情绪波动大，会因情绪的变化而影响学习　（　）

注：5 个以下 √，要引起注意，立即改正；5～10 个 √，需制订计划，时刻督促自己改正；10 个以上 √，问题严重，可以寻求老师或家长的帮助，尽快改正。

四、活动过程

1. 活动导入

教师：请同学们用两个字的词来说一说以下这几句话代表的是什么？（答案为习惯，以此引出本次活动的主题——养成良好的学习习惯）

（1）我不是你的影子，但我与你亲密无间。

（2）我不是机器，但我全心全意听命于你。

（3）对成功的人来说，我是功臣；对失败的人来说，我是罪人。

（4）培训我，我会为你赢得整个人生；放纵我，我会毁掉你的终身。

（5）我到底是谁？我平凡得让你惊奇。

2. 讨论与交流

（1）各组出示学习习惯调查的结果，请学生发言，讨论学习习惯的重要性。

教师：看来养成良好的学习习惯是非常重要的。一个好的、科学的学习习惯和方法，能使我们学得轻松自在又有效率。

（2）教师：你在学习中形成了哪些好的学习习惯，请给大家介绍一下。（学生发言）看来大家已经有了许多好的学习习惯，可是，也有同学存在着很多不好的学习习惯，这些不良习惯会造成什么样的后果呢？（学生讨论、发言）

3. 学习习惯行为展示

（1）请学生分组仿照平时的不良学习习惯进行表演，其他学生指出这种做法的不当之处。

不良习惯举例：

① 上课铃响了，有几位同学在座位上说说笑笑，有几位同学正在追逐打闹，有几位同学慢悠悠地往教室走，还有几位同学着急地跑向厕所。

② 老师正在讲课，下面的同学有的在小声说话，有的在做小动作，有的在东张西望，有的在偷偷吃东西，还有的趴在桌子上睡觉。

③ 老师刚说下课，某位同学就冲出了教室，还大声喊叫。

④ 写作业时，某位同学边写边玩，还经常找机会和旁边的同学说话。

（2）请学生分组进行良好学习习惯的行为展示。

4. 思考

教师请学生思考：怎样做才能养成良好的学习习惯。（善于倾听、勤于思考、敢于质疑、善于阅读、专心致志、课后复习、独立作业、不懂就问等）

五、活动总结

（1）教师总结：学习习惯是长期养成的学习方式，需要从平时的一点一滴做起，持之以恒。

（2）教师请学生课后根据自身情况，制定一份学习时间表，按照时间表的要求完成每天的功课并坚持下去。

（二）考察探究活动内容选择的要求

考察探究活动在选择主题和内容时，应注意以下几点：

第一，尊重学生的兴趣，培养问题意识。考察探究活动的内容来源基本上是与学生密切相关的生活实际，教师在指导学生进行活动时，要给学生充分的选择权，从学生兴趣出发，为学生更好地开展考察探究活动创造机会和提供帮助，引导他们学会从身边的人或事入手，发现问题，积极探索。

第二，因地制宜地选择考察探究活动的主题。在开展考察探究活动时，要充分考虑课程资源特点、师资情况、办学特色和课程整体规划等多方面因素，因地制宜地选择合适的活动主题，确保活动的可行性。

第三，发挥学生的主动性。考察探究活动是一种以学生为核心的自主性、探究性的学习方式，因此，在选择主题时，教师应充分调动学生的积极性，为学生提供自主选题的机会，倡导人人参与。

第二节　社会服务活动

一、社会服务活动概述

（一）社会服务活动的含义

社会服务活动是指学生在教师的指导下，走出教室，参与社会活动，以自己的劳动满足社会组织或他人的需要的活动，如公益活动、志愿服务、勤工俭学等。

社会服务强调在服务中将所学知识运用于社会组织、他人需求的了解与体察、与服务直接相关的方法技能的学习、实践经验的积累等，从而塑造个人品格与服务意识，提升实践能力，增强社会责任感。它的关键要素包括明确服务对象及其需要；制订服务活动计划；开展服务行动；反思服务经历，分享活动经验。

教育部公布的《中小学综合实践活动课程指导纲要》中关于社会服务活动的推荐主题如表 3-3 所示。

表 3-3 社会服务活动推荐主题

学段	主题	简要说明
1～2年级	生活自理我能行	清洁个人生活用品，如会洗袜子、系红领巾，会刷鞋，清洗水杯、脸盆等；学习用品分类整理，如按学习需要准备学习用品，归类收纳学习用品，及时整理书包；清洁居室卫生，如用完的物品放回原处，扫地，垃圾分类入箱，整理床铺，衣服分类摆放等。从力所能及的自我服务劳动做起，学会料理自己的生活，养成自己的事情自己做的好习惯
	争当集体劳动小能手	集体服务劳动包括班级劳动、校园劳动、家务劳动、公益活动、社区服务等。例如，搞好（班级）公共卫生，整理红领巾队务阵地，会扫地、拖地、擦黑板、摆放桌椅等；帮助老师、家长等做力所能及的事；给校园花草树木浇水等。养成自己的事自己做、他人的事帮着做、公益（集体）的事争着做的劳动习惯和优良品质
3～6年级	家务劳动我能行	帮助家长做力所能及的家务劳动，如择菜、洗菜、洗水果、整理饭桌、洗碗筷等；学会简单手工缝纫技术；学会一般衣物的洗涤（包括机洗）、晾晒和折叠方法；知道家庭安全用电、用火、用煤气等的方法，初步学会家庭触电、火灾的预防、急救与逃生。养成良好的劳动习惯，端正劳动态度，提高家庭责任感
	我是校园志愿者	通过考察、访问了解校园志愿服务需求，了解不同岗位的职责和要求；学习开展服务的方法，了解相关注意事项；开展持续、有效、多样的校园志愿服务活动。利用班级、少先队活动等多种形式进行校园志愿活动的展示交流。积极参与校园志愿活动，具有团队合作意识，热心志愿服务活动
	学习身边的小雷锋	寻访身边的“小雷锋”，总结分析他们的事迹；根据自身情况，设计自己（小组）的学雷锋行动计划，并开展实际行动，初步树立热心公益劳动、乐于助人的道德品质
	红领巾爱心义卖行动	收集闲置的书籍、学习用品、玩具、手工艺品等物品；策划与组织爱心义卖活动，并在教师建议下合理使用义卖收入；提高爱心助人、团结合作的思想和意识，增强活动策划与设计能力，初步树立“循环经济”“绿色生活”的环保意识
	社区公益服务我参与	在社区或村委会参与如卫生打扫、环境维护、小广告清理等各种力所能及的便民利民性质的社区公益劳动；在班级交流分享参与过程与感悟体验，增强服务他人、社会的意识
	我做环保宣传员	调查和发现身边存在的环境问题，分析可以采取的措施和解决办法，开展环境保护宣传活动，体验绿色生活方式，树立保护环境、节约资源的观念和生态意识
	我是尊老敬老好少年	积极主动地与身边的老人沟通和交流，了解老年人的实际生活困难和需求；为身边的老年人做一些力所能及的事，并长期坚持。初步树立尊老敬老、主动为老年人提供服务的意识，增强社会责任感

（二）社会服务活动的特点

1. 服务性

社会服务活动不仅可以服务社区和社会，也可服务特定的社会群体和个人。在社会服务活动的过程中，学生既可以获得直接的经验，也可以把所学知识应用于服务之中，强化、活化学科知识。

2．体验性

社会服务活动注重学校与社会之间的联系，它通过有目的、有计划地组织学生参与社会实践活动，体验社会生活，使学生对真实社会有所认知，以便于将来能更好地适应社会发展需要。

3．社会性

社会服务活动的社会性体现在空间拓展、社会参与和政治参与三个方面。空间拓展就是学生的学习环境从封闭的教室扩展到开放、极富社会性的社区；社会参与是指学生在教师的指导下主动参与社会服务，为社会公共事务的管理提供意见，发挥作为社会一员的作用；政治参与是指学生通过参观、模拟政府机构的办事程序等活动方式，学习政治参与的知识，形成政治参与的意识，培养作为未来公民的参政能力。

4．实践性

社会服务活动的实践性体现于课程资源与课程形式两方面。在课程资源上，社会服务活动主要以学生的现实生活和社会实践为基础；在课程形式上，社会服务活动以活动为主要形式，注重强调学生的亲身经历，要求学生在考察、探究、实验、服务和参观等一系列活动中发现和解决问题，发展自己的实践能力和创新能力。

（三）社会服务活动的意义

1．有利于学生融入社会生活

小学生通过参加社会服务活动，可以进入社会情境，接触社会现实，理解社会的基本运作方式，积累社会生活经验；可以帮助小学生理解社会规范的意义，引导他们自觉地遵守、维护社会规范与公德；有助于小学生在社会实践活动中形成并增进法制观念和民主意识，发展社会参与能力。

2．有利于学生转变学习方式

社会服务活动可以把学生的学习场所从学校延伸到社区乃至社会，把课堂知识的学习与社会体验学习结合起来，从而增加学生的学习渠道，丰富学生的学习生活，拓展学生的学习空间。

3．有利于学生形成正确的科学观

社会服务活动可以帮助学生了解科学技术与日常生活、社会发展之间的关系，还可以让学生通过接触不同国家、不同民族的文化，学会理解、尊重和欣赏世界多元文化，从而形成正确的科学观。

二、社会服务活动的目标

小学阶段社会服务活动的目标主要以“活动”为核心，促进学生创新精神与实践能力的发展。其目标包括三个方面的内容：

第一，提高学生服务意识，初步形成积极健康的情感体验和充实进取的生活态度；

第二，使学生参与社会实践，培养实践能力，强化社会责任感；

第三，改变学生思维方式，提升学习质量。

三、社会服务活动的内容及要求

（一）社会服务活动的内容

社会服务活动的内容非常广泛，除了发生在家庭和学校的服务活动外，还包括自我服务、关爱他人、绿色环保、文化宣传、社区服务等多种具体形式的社会服务活动。不同主题结构的活动可以帮助学生获得不同方面的知识和技能，获得不同的参与体验。

扫一扫

大连市兴工小学
“百洁布在行动”活动

1．自我服务

自我服务是指小学生通过各种活动感悟生命的奥妙、意义和价值，学会发现自己的优缺点，知道如何取长补短，并能用适当的方法控制和调节情绪，从而健康成长。例如，《中小学综合实践活动课程指导纲要》的推荐主题中，小学低年级（1～2 年级）的社会服务活动主题有“生活自理我能行”“争当集体劳动小能手”等，这些主题都侧重于围绕学生的日常生活，开展自我和家庭服务，培养小学生独立处理生活中的基本事务的能力。

【活动实例 3-4】

生活自理我能行

一、活动背景

生活自理能力是每个人生存所必备的基本技能。但是现在有些小学生，由于家庭和社会多种因素的影响，其生活自理能力很差。有的小学生甚至到了二、三年级还不会自己穿衣服、系鞋带；有的小学生，每天都需要家长帮忙整理书包、洗袜子、叠被子。由于小学阶段是培养生活自理能力的关键期，因此，小学生自理能力的培养应该引起家长、学校和社会的重视。

二、活动目标

（1）培养学生良好的生活习惯，逐步增强其生活自理能力。

（2）通过活动强化学生基本的生活技能。培养其树立“自己的事情自己做”的劳动意识。

三、活动过程

1. 准备阶段

（1）选择主持人。可以采取学生自愿报名的方式，也可以由教师和学生一起推选产生。

（2）教师和学生一起准备班会活动道具。

（3）学生分组搜集有关劳动的故事和名人名言。

（4）名人名言举例：

① 我们世界上最美好的东西，都是由劳动、由人的聪明的手创造出来的。

——（苏联）高尔基

② 劳动是人类存在的基础和手段。

——（俄）乌申斯基

③ 做事，不只是人家要我做才做，而是人家没要我做也争着去做。这样，才做得有趣味，也就会有收获。

——（中）谢觉哉

④ 没有劳动就不可能有正常的人的生活。

——（法）卢梭

2. 实施阶段

（1）主持人宣布“生活自理我能行”主题活动开始。

（2）学生汇报及表演。

① 播放音乐《劳动最光荣》导入主题班会。

② 小组汇报和演出。

主持人：首先，请每个小组的代表汇报收集到的故事和名人名言。（学生分组进行汇报）接着请大家看×××等同学带来的情景剧表演——《忙乱的早上》。

（情景剧演员上场表演）

主持人：对于一些从小被大人宠爱着的小皇帝和小公主们，起床如此忙乱，怎么办呢？（教师可以组织学生讨论）对，当务之急就是学会生活自理。那么，生活自理包括哪些方面呢？我们应该怎么做？（请同学自由讨论，如钉纽扣、洗衣服、套被套、整理衣柜、做好个人卫生、自己收拾书包、放东西有次序等）

（3）自理能力比赛。

比赛由主持人主持，班主任担任裁判并维护活动秩序。比赛完毕后，可以根据比赛结果，选出表现最好的三位同学，获得“生活自理小能手”称号。

① 穿衣服比赛。

活动规则：将全体学生分为5组进行比赛。比赛开始后，每组的第一位同学绕过障碍，跑到对面的目标处，穿好校服上衣，再脱下，然后跑回起点，拍到第二位同学的手后，第二名同学再出发。组员依次进行比赛，最先跑完的小组获胜。

② 系红领巾比赛。

活动规则：每 10 人一组。比赛开始后，10 人一起拿起面前的红领巾系好，速度最快的前三名同学进入下一轮。各组都选出前三名后，一起进行决赛，速度最快的前三名同学进行奖励。（教师可提前准备小奖励）

③ 整理书包比赛。

活动规则：将全体学生分为 5 组。比赛开始后，每组的第一位同学跑到对面，从桌子下面拿出书包，将桌面上摆放的书本按顺序整理好后，放进书包，拉好拉链，再背起书包，跑步回到原位，将书包传给第二位同学。第二位同学背着书包跑到对面，拿出书本按顺序摆放到桌面，把书包放回桌子下面，再跑回原位。后面的同学依次进行游戏，最先整理完毕的小组获胜。

（4）主持人宣布活动结束。

四、活动总结

（1）班主任总结。

（2）号召全体学生从现在开始，就做生活自理的小能手，多帮家人做自己力所能及的事情。

2．关爱他人

关爱他人活动是学生针对孤寡老人、残障人士、优抚对象、特困群体等有需求的人群提供的服务活动。学生可以在和他人的接触、交流、互动、合作中，学会理解、尊重和体谅他人，懂得他人和社会群体在个人生存与发展方面的重要性，体验关怀的温暖。

【活动实例 3-5】

尊老爱亲，从我做起

一、活动背景

尊老爱亲是中华民族的传统美德，对于今天的广大青少年来说，尊老爱亲绝不是简单的回报父母养育之恩，它更是一种责任意识和健全人格的体现。为引导学生孝敬父母，学会感恩，树立良好的道德观念，在重阳节之际，可以开展以“尊老爱亲，从我做起”为主题的感恩活动。

二、活动目标

（1）了解尊老爱亲的名人轶事和当地尊老爱亲的民风民俗。

（2）培养调查搜集处理信息的能力和与人交往、协作、动手实践的能力。

（3）在尊老爱亲过程中，培养学生的感恩意识和社会责任感。

三、活动过程

1. 准备阶段

（1）成立调查小组、宣传报道小组和上门服务小组。

调查小组主要通过网络查询、图书馆查阅、调查走访等方式了解我国尊老爱亲的优良传统、当地尊老爱亲的名人轶事和民风民俗。

宣传报道小组主要负责宣传和报道尊老爱亲的活动信息，营造良好氛围。如小记者采访并进行动态报道、广播站宣传、学校宣传栏里发文或图片等。

上门服务小组主要是为身边需要帮助的老人提供力所能及的帮助，如搀扶老人过马路，为孤寡老人表演节目，帮助老人打扫卫生、购买生活用品、梳头发等。

（2）制订活动计划。

① 学生组内讨论：本组应采用哪种方式进行活动，什么时间进行，如何分工。

② 学生通过上网查找、图书馆查阅、调查访问等方式搜集相关资料和活动素材。

③ 教师指导各小组确定本组活动计划，教师审定计划。

2. 实施阶段

（1）各组按照活动计划进行活动，并将活动过程通过摄像、摄影、笔记等方式记录下来。

（2）教师组织学生召开主题队课。

教师：同学们，家里的父母和长辈对我们都是爱护有加，对我们的要求也都会尽量满足。但是反过来想，我们为父母和长辈做过什么呢？（引导学生思考遇到父母或者亲人生病时自己是怎么做的，有没有用行动表示过对亲人的关心等）我们关心父母和长辈，很多时候都只是停留在口头上，而没有用行动表示，这样合适吗？（学生自由发言和讨论）

（3）填写调查表并组织学生讨论。

① 教师发给每位学生一份关于尊老爱亲内容的调查表，请学生如实填写。

② 教师：通过刚才的小调查可以了解到，大部分同学都懂得接受家人的关心和宠爱，也知道尊老爱亲的道理，却很少真正用行动去回报他们。那么，怎样用行动关爱亲人？“老吾老以及人之老”说的又是什么道理呢？（请学生根据生活中的所见所闻或真实的尊老爱亲事例发表意见和讨论）

（4）好少年在倡议。

① 教师请各组派代表介绍活动情况。请调查走访小组派代表介绍我国尊老爱亲的优良传统、当地尊老爱亲的名人轶事、班内尊老爱亲小标兵的典型事例；请上门服务小组介绍帮助老人的具体活动和活动之后的感想；请宣传报道小组介绍开展宣传尊老爱亲活动所产生的良好效果。

② 教师和学生一起倡议。

教师：通过三个小组的介绍和我们的行动，同学们都体会到了尊老爱亲在带给他人快乐的同时，也会让自己感到幸福。下面，就让我们一起来倡议：尊老爱亲，从小事做起。（如多和亲人聊天、多一句问候和微笑、给老人让一个座等）

③ 教师发放材料，组织学生制作感恩卡或写一封信，在上面写出自己想说的话，回家后亲手交给父母或长辈。

四、活动总结

1. 教师总结

尊老爱亲是中华民族的传统美德。我们要继承和发扬这一优良传统，从我做起，让社会充满爱。

2. 布置家庭作业

（1）动员学生回家后为父母做一件事，如为父母或长辈捶一次背、梳一次头、盛一碗饭、洗一次碗等。

（2）写一篇活动感悟，表达自己在活动中的感悟和反思。

3. 绿色环保

绿色环保活动是学生开展的以爱护环境、绿色生活、低碳环保为主题的服务。通过开展绿色环保服务，可以使学生懂得自己的生活与环境息息相关，培养他们的环保意识。

【活动实例 3-6】

公共绿地损坏情况调查

一、活动背景

公共绿地具有美化环境、净化空气、愉悦身心等作用。但是，践踏绿地、翻越绿化带、恶意占用绿地事件却频频发生。为了让学生切实感受公共绿地对人居、社会的重要性，从小培养学生与环境和谐相处的意识，增强学生保护环境、服务社会的道德感和责任感，我们特开展了本次调查活动。

二、活动目标

1. 通过调查，了解公共绿地对良好环境的作用，人为损坏情况及有关部门目前采取的措施。

2. 综合分析公共绿地损坏现象的主、客观原因，提出自己对解决这一问题的想法和见解。

3. 通过调查与思考，培养学生的社会公德心，培养学生资料搜集、整理及社会调查的能力。

三、活动过程

1. 准备阶段

（1）引入调查课题，激发学生参与活动的兴趣，师生讨论公共绿地的好处。

（2）师生讨论应当从哪几个方面进行调查。先让学生思考并提出调查建议，确定调查方式（如摄影、拍照、网上搜集资料、采访等），并根据所调查方向确定调查内容。

（3）指导学生分为调查组、摄像组、资料搜集组。

① 调查组包括采访人员、摄影人员（需要跟随采访人员随时摄像）和记录人员。采访前小组成员共同设计采访问题，事先联系采访对象（也可进行随机采访），做好摄影和记录工作。

② 摄像组需要对公共绿地被破坏的情况和一些不文明行为进行拍照。

③ 资料搜集组需要通过网络查询、问卷调查等方式进行相关资料的搜集和整理。

（4）教师指导每组学生制订活动方案，并请有条件的家长配合教师做好学生工作，为活动提供支持（如提供摄影、摄像的设备，帮助联系被采访人员等）。

2. 实施阶段

（1）各组按预定方案进行调查，教师要时刻关注学生调查情况并进行必要的指导。

（2）调查完成之后，小组成员一起将资料进行整理和分类，并根据调查资料分析造成公共绿地被破坏的原因（如人为破坏、被圈占私用、自然因素、被占用停车等）。

（3）教师召开主题班会。

教师：同学们，公共绿地可以美化我们的环境，对我们的健康也有很多好处。可是，在日常生活中，总能看到公共绿地被损坏，对于这种现象，你们有什么看法？（组织学生讨论并发言，再过渡到学生的调查）

（4）请各组展示调查情况，每组可选出一名学生代表进行汇报。汇报可以用演讲的方式，也可以用 PPT 等方式呈现。

（5）组织学生交流和讨论。

教师：公共绿地被破坏对我们的生活环境造成了很大的损害。同学们，我们应该怎么做才能改善这种状况呢？（教师引导学生分组讨论应该如何保护环境，有什么好的建议，并请各组派代表汇报讨论结果）

四、活动总结

（1）教师总结。

（2）号召全体学生自觉保护绿地、爱护环境，做环境的保护者和宣传者。

4. 文化宣传

文化宣传活动是指学生以倡导科学、文明、健康的生活方式为目标开展的各种宣传活动。通过文化宣传活动，可以引导学生熟悉地理环境、人文景观、物产特点、民间风俗等，开阔学生的视野。

【活动实例 3-7】

家乡文化大搜索

一、活动背景

家乡文化是一方沃土，拥有着最厚重、最持久、最旺盛的生命力，滋养着一代又一代的青少年。了解家乡的名人、典故、景观、风俗等，熟知家乡文化，认同家乡文化，有利于增强学生热爱家乡、建设家乡的热情；通过广泛搜索和深入挖掘家乡的优秀文化，可以让学生感受到与他人合作交流的乐趣，提高学生的综合实践能力。

二、活动目标

（1）了解家乡的各种特色产品、风味小吃、风土民情等。

（2）通过多渠道查找并对信息进行收集、整理和分类，体验研究性的学习方式。

（3）在活动过程中，通过学习设计研究方案及实施研究方案，培养学生调查研究、发现问题并解决问题的综合实践能力。

三、活动过程

1. 第一阶段：确定研究主题

（1）目的是让学生在生活中学会观察、学会发现，能确定自己感兴趣并有可能进行实际操作的问题，形成研究主题，激发最初的研究性学习意识。

（2）教师给学生布置任务。

① 请学生关注家乡的现状，并说说自己的看法。

② 引导学生阅读关于家乡的诗歌、散文、小说，并初步了解家乡古代饮食文化、服饰文化、节令文化等传统文化形式。

（3）学生分组研究活动方案，并从以下内容中确定一个研究方向。

① 考察家乡的著名建筑，了解其特点与由来。

② 考察家乡的历史名人和遗迹。

③ 考察家乡某些地名的由来。

④ 考察家乡的饮食文化、服饰文化特点。

⑤ 访问民间艺人，了解传统工艺。

（4）教师指导思路：

① 引导学生通过举例和比较，渗透观察的理念；

② 初探学生内心的想法，诱导提问；

③ 引导学生学会将问题归类，提同类问题的学生可以组成活动小组，筛选问题后再确定研究主题。

2. 第二阶段：开展考察活动

（1）学生通过调查、访问、查找资料等方式获得所需信息。（教师随时关注各组研究情况，并随时提供点拨和帮助）

（2）分组展开活动，经过调查后，将调查到的内容一一记录下来。

3. 第三阶段：成果展示

（1）各组展示研究成果。（师生互动、点评穿插）

（2）研究成果可以通过活动过程记录表、情况调查表、宣传画、访谈记录表、活动研究报告、小报、PPT 等形式进行展示。

（3）小组之间交流互动、资源共享。

四、活动结束

教师小结并寄语。

5. 社区服务

社区活动主要包括家政服务、社区管理服务和各种公益性的义务劳动等，它们可以作为学校的常规性活动在不同的年级实施，以加强学校与社会的联系。在进行活动的过程中，教师应当引导学生留意社区中人们关注、讨论的问题，学会灵活地运用学过的知识分析并解决问题，在服务的过程中学会交往、合作，懂得理解和尊重，增强服务意识、责任感和归属感。

【活动实例 3-8】

热心公益爱劳动，志愿服务进社区

一、活动背景

为了大力弘扬“节约用水、节约用电、节约粮食；爱祖国、爱学习、爱劳动”的文明精神，本着为他人服务、回报社会的良好愿望，我校将持续不断地开展丰富多彩并具有特色的志愿者活动。活动以“爱心奉献他人，全心服务社会”为宗旨，坚持“立足校园，面向社会”两大服务方向，将着重做好孝敬老人、热心公益、爱心帮助等工作，增强广大师生的志愿服务意识。

二、活动目的

（1）弘扬“奉献、友爱、互助、进步”的志愿精神，鼓励学生在能力所及的范围内服务他人、服务校园、服务社会。

（2）给学生提供从小接触社会、感受美好的机会，树立学生的主人翁意识，培养学生的社会责任感。

三、活动时间和地点

暂定于××年×月×日，在学校周边××小区和××小区进行。

四、活动过程

（1）本次活动由学校组织，3～6年级全体师生参与。

（2）召开班主任工作会议，布置活动的具体细节。

（3）班主任提前在班上开展以“热心公益爱劳动，志愿服务进社区”活动为主题的思想教育和动员工作，并做好安全教育。

（4）本次活动主要是清洁社区公共区域的卫生（如清除野广告、捡拾垃圾、擦社区宣传栏等），并做好维护。学生志愿者在活动时，还要在社区内做好绿色环保、美化环境、努力创建文明卫生城市的宣传工作。

（5）各班主任和负责的教师对学生的任务进行分配，实行分区管理，并在活动中保证学生的安全。

（6）学校相关部门应提前与社区做好沟通，赢得支持。学校领导、负责教师应高度重视，德育处、学生处等部门要全程、全面地负责学生的活动安全和后勤保障工作，确保活动效果。

（7）参加活动的班级要组织好卫生清扫工具的安排及携带。

（8）活动中各班要听从指挥、统一行动，活动结束后清点人数，统一将学生带回学校。

五、活动总结

（1）各班主任组织主题班会，一起讨论和交流心得体会，学生每人写一篇成长记录或活动感受。

（2）参与活动的学生需要填写社区志愿活动记录表。

（3）写一份环保倡议书。

（二）社会服务活动内容选择的要求

社会服务活动的内容选择要注意以下四方面：

第一，应根据课程目标和性质，考虑学校自身的特点与条件选择适当的内容；

第二，应具有本土性，根据实际，体现活动的地方特色；

第三，应与学生生活息息相关，与社区实际和社会发展密切联系；

第四，应做到利于学生综合运用各学科知识，有助于其形成对周围世界的完整认识，形成健康的情感、态度和价值观。

第三节 设计制作活动

设计制作活动是指学生运用各种工具、工艺（包括信息技术）进行设计，并动手操作，将自己的创意、方案付诸现实，转化为物品或作品的过程。例如，在历史课上，学生用陶泥制作兵马俑；在生物课上，学生根据所学知识动手制作动植物模型；在“一带一路”主题学习中，学生们设计制作古代、现代的“驿站”模型等。

设计制作活动的关键要素包括创意设计、选择活动材料或工具、动手制作、交流展示物品或作品、反思与改进。在设计制作的活动过程中，教师应鼓励学生手脑并用、灵活掌握、融会贯通各类知识和技巧，以提高学生的技术意识、工程思维、操作水平、知识迁移水平，体验工匠精神。

设计制作活动主要包括劳动与技术教育、信息技术教育两大部分的内容。

一、劳动与技术教育

（一）劳动与技术教育概述

1. 劳动与技术教育的含义

劳动与技术教育是以学生获得各种劳动体验，树立正确的劳动观点，形成良好的劳动习惯，并初步掌握一定劳动的技术知识和技能为目的的教育活动。

劳动与技术教育既不是传统意义上的职业技术教育，也不是高度专门化的专业教育，它是在基础教育阶段普通学校进行的技术教育。现在的学生生活在科学技术瞬息万变的时代，不断变化的新技术对人类生产和生活的影响将越来越广泛、深刻和迅猛，这些日新月异的技术革新要求劳动教育与技术、家政、职业教育紧密地联系在一起，使学生获得终身进行技术劳动和技术学习的能力，成为未来合格的劳动者。

因此，劳动与技术教育是未来社会成员基本素养的教育，是开发人的潜能、促进人的思维发展的教育，是人人都必须接受和经历的教育，它对中小学生的发展有着广泛而又独到的教育价值。

教育部公布的《中小学综合实践活动课程指导纲要》中关于劳动与技术教育的推荐主题如表 3-4 所示。

表 3-4 劳动技术教育活动推荐主题

学段	主题	简要说明
1～2 年级	我有一双小巧手——手工纸艺、陶艺	学习简单的手工制作，通过动手制作折纸、纸贴画、纸编，玩泥巴（手捏陶泥、轻黏土、软陶）等，掌握纸工、陶泥制作的简单技法，初步体验动手操作的乐趣
	我有一双小巧手——制作不倒翁、降落伞、陀螺等	选择日常生活中的多种材料，制作不倒翁、降落伞、陀螺等玩具；探究、交流制作方法，提高动手操作能力及探究兴趣
3～6 年级	学做简单的家常餐	掌握几种简单的烹饪技能，学会洗菜、切菜、拌凉菜、炒家常菜和炖菜等；学会煮面条、包馄饨和包水饺等。了解健康饮食的重要性，感受劳动和生活的乐趣，形成积极的劳动态度
	巧手工艺坊	利用纸质、布质等多种材料学习传统手工艺制作技术，包括纸艺、布艺、编织、刺绣、珠艺、插花艺术等。初步树立技术意识，培养实践创新精神、动手能力和审美情趣
	魅力陶艺世界	学习陶土材料（软陶、轻黏土等）的捏塑、盘筑、镶接等基本技能；有条件的可尝试自制个性化的陶艺手工作品。学习陶艺基本技艺，自主探究创作，激发好奇心和想象力
	创意木艺坊	使用手工锯、曲线锯、木板、KT 板、乳胶、砂纸等工具和材料，初步掌握木工直线锯割和曲线锯割技术，运用插接、钉接、粘接等连接方法制作小木工创意作品。在学习木工基本技艺过程中，学习创意表达，提高动手实践能力，体验工匠精神
	安全使用与维护家用电器	了解家用电器的种类并建立家用电器档案；了解 1～2 种家用电器的发展过程，理解创造发明对社会发展的作用；会阅读简单的家用电器说明书，并在家长指导下学习正确使用及安全维护的方法。感受技术对社会进步的影响，进一步增强技术意识，养成自主学习的良好习惯
	奇妙的绳结	了解绳结种类、符号，学习绳结的编织技法，初步掌握编织工具的使用方法，学会中国结、救生结等装饰结和实用结的设计与制作。感受中国民间艺术的魅力，理解生命意义和人生价值，提高安全意识和自我保护能力
	生活中的工具	观察五金店或调查家庭中的常用工具和简单机械；设计《生活中工具和简单机械的调查表》，将身边的常用工具（筷子、开瓶器、起子、扳手等）以及课堂教学活动中使用的工具和简单机械（剪刀、美工刀、尖嘴钳、木工小机床等）的名称、作用、用途等列出来；认识其作用、原理、用途，并学会使用常用工具和简单机械。学会根据需要来选择合适工具和机械，培养科学探究精神和技术意识及能力
	设计制作建筑模型	了解房屋的一般结构；知道本地民居、校园的基本建筑式样与材料、基本特征与功能。用木板、纸板、KT 板、陶泥等多种材料制作民居、校园等建筑模型。初步学习识读图纸，会表达设计思想，初步形成技术设计能力，增强环保意识、人文情怀和审美情趣
	创意设计与制作（玩具、小车、书包、垃圾箱等）	在生活中收集各种材料和用具，特别是一些废旧物品，根据一定的科学原理，尝试进行创意设计，制作简单的玩具、小车、书包、垃圾箱、水火箭等，激发创新精神，提高动手实践能力

2．劳动与技术教育的特点

（1）实践性

劳动与技术教育强调“做中学，学中做”，是建立在操作基础上的知识、技能、态度、方法、能力的综合学习。学生在亲身体验的技术性劳动中不但获得了大量的直接经验和操作体验，在动手、动脑的紧密结合中促进了技术素养的形成，还学会了用科学知识解决实际问题，不断地在实践中学习和创造。

（2）以项目为载体

劳动与技术教育的内容是以从事一个任务、完成一件制作、形成一样产品、进行一项设计的项目形式展开，里面浓缩了若干个教育要素，是一个系列性的技术过程。

（3）可感的操作对象

劳动与技术教育活动多会用到各种材料、工具，并且伴有人与人、人与物之间的互动，可以加深学生对劳动技术过程的理解。

（4）多学科的视野

劳动与技术教育综合运用各学科的基本知识，同时融合社会、经济、法律、伦理、心理、环境等方面的教育视野，既是对已学知识的综合运用，也是对新知识、新能力的综合学习。

（5）贴近现实生活

劳动与技术教育一般以当地的经济、社会和技术环境为背景，选择那些对学生发展有益、对未来生活有用、与科技发展趋势有关的内容作为核心来组织和设计活动。学生通过学习劳动与技术教育课程，可以密切联系生活实际，将所学知识和技术应用于生活。

（6）广泛的参与性

所有的学生都可以根据自己的兴趣选择项目进行操作，在实践中体验劳动乐趣，感受技术价值。

3．劳动与技术教育的意义

劳动与技术教育是一门综合性强、操作性强的学科，其意义主要有以下几点：

（1）有利于学生基本劳动与技术素养的形成

劳动与技术课程的设置可丰富学生的劳动体验，帮助学生充分掌握劳动与技术的相关知识，让学生在劳动中感受生活的乐趣。同时，学生通过“做中学”和“学中做”，在操作过程中形成基本的技术意识和技术思维，从而有利于基本的技术素养和技术能力的发展。

（2）有利于学生创新精神和实践能力的培养

在劳动与技术活动中，学生可以通过自身实践、反复训练来理解和掌握这一活动课程的专业知识，通过观察、演示、实验、实践和展演等形式多样的教学环节，进行手与脑的结合，从而有利于学生创新精神和实践能力的培养。

（3）有利于促进学生的全面发展

劳动与技术教育活动中，学生调动已掌握的知识来对问题进行分析，提出活动的主题，再根据这一主题进行更深一层的实践与训练，从而促进了其综合能力、综合素质的全面发展。

（二）劳动与技术教育的目标

小学阶段劳动与技术教育的目标主要以“实践”为核心，促进学生实际操作能力的提升。其目标包括以下五个方面：

第一，促使学生主动认识并理解劳动世界，逐步树立正确的劳动价值观，养成良好的劳动习惯，培养热爱劳动人民的思想情感。

第二，注重生活中的技能学习，提高学生简单技术探索的能力，使学生学会生活自理，逐步形成自立、自强的主体意识和积极的生活态度。

第三，培养和发展学生对技术学习的兴趣，开发其创造性思维，促使学生主动运用科学文化知识去解决实际问题，促进其对技术的理解、探究、反思与创造。

第四，着重培养学生对劳动与技术的正确态度，促使他们逐步形成时代发展所需要的技术素养、初步的技术创新意识和技术实践能力。

第五，适时、适量、适度地渗透职业教育内容，增进职业了解，形成初步的职业认知，逐步培养学生的职业意识、职业兴趣、社会责任感及创业精神。

（三）劳动与技术教育的内容及要求

1. 劳动与技术教育的内容

根据活动方式的不同，劳动与技术教育可以分成三个学习领域，即技术基础、家政和职业引导。

（1）技术基础

技术基础是通过初步的技术学习和实践，使学生获得材料认识、工具使用、创意设计和简易操作等多方面的技能，并提高其技术探究、试验创造、技术开发能力的活动。例如，观察和探究生活中的材料，了解其一般性能和加工方法；通过设计并进行制作活动，进一步学习工具和设备的使用；进行简易的作品创意设计，发展想象力和创造力；制作传统工艺或模型等，逐步培养严谨、负责的科学态度；学习木工、金工、电子电工等项目，了解工业技术的基础知识；进行农作物的栽培和动物的饲养，了解农副产品的生产工艺；通过鉴赏、辩论、测试等活动，学会进行一定的评价等。

技术基础旨在增强学生的动手能力和创造能力，在劳动与技术课程的教学中占有重要的地位。应注重学生的亲身参与，努力激发学生的主体精神和学习兴趣，使学生逐步养成良好的劳动习惯和优良的劳动品质，成为合格的劳动者。

【活动实例 3-9】

简单工具的使用

一、活动目标

（1）认识几种常见的金工工具，了解每一种工具的特点并掌握其使用方法。

（2）能够设计并利用工具制作易拉罐制品，培养创新能力，提升综合劳动技能。

（3）能够树立环保和安全意识。

二、活动过程

1. 认识简单的工具

（1）螺丝刀、扳手、尖嘴钳和剪刀是学习重点，教师可以边讲解边引导学生实践操作。

（2）每一种工具针对的劳动器材、内容也不同，教师可以准备一些实物帮助学生掌握如何选择合适的工具（如扳手可以拧螺帽，螺丝刀可以拧螺丝钉等）。

（3）把学生分成若干小组（每组 3 人），检查学校的桌椅，同时进行爱护公物的教育。

① 在检查教室的桌椅之前，教师可以提示学生：松动的螺帽用扳手，松动的螺丝钉用螺丝刀，还要根据螺丝钉的顶花不同选择合适的螺丝刀。

② 教师指导学生分工合作，每组都要有检查人员、修理人员、归位人员，分工应适时进行轮换，培养合作意识。

2. 动手做一做

（1）用废旧易拉罐制作花篮。教师详细讲解制作步骤，在强调安全之后，让学生独立完成。

（2）废旧易拉罐小创意。教师鼓励学生充分发挥想象力，进行创意小制作。

（3）安全提示：

① 学生初次使用螺丝刀，掌握不好会发生侧滑，提醒学生使用时注意用力均匀，避免侧滑伤手。

② 易拉罐皮比较锋利，提醒学生不要被易拉罐皮划到手。

三、活动总结

（1）教师总结活动情况，请学生注意在生活中做到学以致用。

（2）请学生结合所学技能，回家和父母一起进行易拉罐创意小制作，拿到班级进行评比。

（2）家政领域

家政领域是指学生通过日常生活中的劳动，体验劳动的乐趣，进而掌握生活必备的基础知识和基本技能。例如，参加买菜活动，并掌握区分食品种类、鉴别食品好坏的方法；了解食品的主要营养成分，尝试设计合理的营养搭配方案；进行商品的物价调查，初步学会判断商品的质量；在家长指导下，进行烹饪的实践学习；学会阅读家电使用说明书，学会如何正确使用家电；参与洗涤、清洁、整理等力所能及的家务劳动；学会合理地计划与消费，形成科学的消费观等。

家政领域旨在强调学生的实践操作与亲身体验，它不以单纯的知识、技能传授为目的，而是要结合学生不同年龄阶段的身心发展特征与劳动技术学习的实际水平，贴近学生的生活，让学生在生活中学习并掌握生存技能，体验生活所带来的快乐。

【活动实例 3-10】

安全使用家用电器

一、活动目标

（1）了解家用电器使用不当带来的安全隐患和危害，提高学生对正确使用家用电器的重要性认识。

（2）学习常用家用电器的使用方法和安全常识，提高对家电安全隐患的警惕性。

（3）了解家用电器容易出现的异常情况，学会有效避险的方法。

二、活动准备

（1）教学课件，家电使用不当的图片。

（2）请学生搜集生活中因为家电使用不当而引发安全事故的例子。

三、活动过程

1. 创设情境，导入新课

（1）教师请学生发言，列举生活中经常见到和用到的家用电器。

（2）教师拿出图片，请学生说一说图片里的家电是什么，并说出它们的用途。

2. 讨论交流

（1）教师：家用电器已经成为我们日常生活中必不可少的组成部分，它们给我的生活带来便利。但是，如果使用不当，它们也会带来危险。请大家看图片。（教师出示电器使用不当引发事故的图片）

（2）请学生讲述搜集到的家电使用不当而造成事故的例子，然后思考：

① 这些案例都说明了什么问题？

② 在使用家用电器时，案例中的人有哪些错误？这些错误如何避免？

③ 这些案例给了我们什么启示？

（3）请学生分组进行讨论，然后各组派代表进行汇报。

小结：随着人们生活水平的不断提高，各种家用电器进入了人们的生活，成为我们的好帮手。它们在给我们带来极大便利的同时，也因我们使用不当而带来危险和灾难。轻者造成一定的经济损失，重者会危及我们的身体健康乃至生命。

3. 归纳小结

教师：那么，我们怎样才能安全地使用家用电器呢？（学生发言，教师总结）

（1）认真阅读电器使用说明书，掌握正确的电器使用方法。

（2）电器使用时不随便离开，电器使用完毕后及时切断电源。

（3）一些电器（如电视机等）不宜在雷雨天时使用。

（4）家用电器应当在家长的指导下学习使用。

（5）电器出现异常，要及时告诉家长，及时进行修理。

4. 安全训练营

（1）请学生将自己家里的电器名称和使用方法写下来。

（2）教师出示错误使用家用电器的情景图片，请学生指出其中存在的安全隐患，并说明为什么。

（3）如果家电出现异常，我们该怎么办？（学生发言，教师引导并进行归纳）

（4）请学生自愿发言，谈谈自己的收获。

四、活动总结

（1）教师进行总结。

（2）结合学习内容，请学生回家后与父母一起阅读家电使用说明书，对照有关条目，检查自己平时的操作是否正确，有哪些需要改进。

（3）职业引导

职业引导是通过社会实践、调查、比较、测试等活动增强学生对职业的认识，逐渐形成初步的职业选择志向和创业意识。例如，通过参观访问、查阅资料等形式，初步了解和分析自己感兴趣的职业；关心日常生活中成人的职业角色，能说出职业的简单分类，识别一些不同的工作岗位，了解其工作流程；通过讨论和思考等活动，产生初步的职业意识；懂得学业与职业的联系；能说出 1～2 个创业案例，萌发初步的创业意识等。

职业引导的教学注重学生对职业的初步认识，教学方式以学生参与社会活动为主，要避免职业知识的单纯灌输。

【活动实例 3-11】

相架的设计与制作

一、活动目标

（1）了解木工制作的工具，掌握简单工具的使用方法。

（2）学会画线、锯割、锉削、砂磨与拼接组合等技能。

（3）通过独立或与他人合作完成作品，培养合作意识和团队精神。

（4）通过木制品的制作，对木工这一职业有基本的了解。

二、活动准备

木制相架模型、木工工具、强力胶、铅笔、曲尺、量角器、圆规、砂纸等。

三、活动过程

1. 明确设计要求

（1）教师：生活中你喜欢拍照片吗？你最喜欢用什么方式来展示相片呢？（学生发言）相架是最常见的展示相片的物品，如果有一个精美的相架，不仅可以珍藏美丽的相片，还可以点缀美好的生活。如果能自己动手制作一个相架，你准备如何设计呢？有可能会用到哪些材料？（组织学生讨论）

（2）教师提供材质不同的相架或图片让学生欣赏，让学生观察这些相架的制作材料和结构造型特点，分析它们的优缺点。

（3）教师出示木工工具，介绍木工的工作内容和职业特点。

2. 技能体验

（1）教师展示并介绍常用的木工工具。（让学生亲手摸一摸、试一试）

（2）教师示范操作，结合实例（如锯割、磨砂和锉削等）设置具体的训练环节，边操作边讲解应当注意的地方。

（3）设置一些纠错的例子，发动学生参与讨论。在讨论时可以让学生徒手操作。

（4）学生动手操作，教师提醒学生操作要规范，并注意安全。

（5）制作木制杯垫。

① 师生一起讨论杯垫制作的流程：画线——钻孔——锯割——锉削——砂磨——装配——检测。

② 请学生制作杯垫（注意选择适当加工工具）。

③ 请学生展示和欣赏自己完成的作品。

3. 相架设计

（1）学生分组讨论并设计草图，教师提供必要的帮助。

（2）完善设计。

① 教师组织各组轮流对设计图进行展示和表达。

② 师生一起讨论和交流，对设计图的不合理处提出建议，引导和帮助学生获得好的创意并进行“再设计”。

（3）修改并确定设计图。

4. 制作相架

（1）讨论相架的制作工艺和过程。

（2）按照设计图，分组进行制作。

（3）教师指导并参与学生的活动，对学生遇到的问题要及时给予指导。

5. 交流评价

各组展示制作的相架，并介绍相架的特点及功能，交流制作的经验和感受。

四、活动总结

（1）教师进行总结。

（2）布置课后作业：请学生课后独立设计并制作一个木制相架，巩固所学技能。

2. 劳动与技术教内容选择的要求

劳动与技术教育在进行内容选择时，需要注意以下几点。

（1）立足现实。劳动与技术教育所选择的内容应与当地的生产实际、社会实际和学生的生活实际紧密联系。

（2）能激发学生的兴趣。所选择的内容应与学生的年龄特征、已有的知识和经验水平相适应。同时，应具有挑战意义，以激发学生的学习兴趣，使学生能主动地进行观察、设计、操作和评价。

（3）突出重点。劳动与技术教育有着丰富的教育理念和教学内容，在其实施过程中，不可能面面俱到。因此，在内容选择时应紧紧围绕学生的创新精神和实践能力的培养，选择最富有教育价值和典型意义的教育内容。

二、信息技术教育

（一）信息技术教育概述

1. 信息技术教育的含义

信息技术教育就是以计算机多媒体为认知工具，以培养学生的信息素养为宗旨，以培养学生获取、分析、加工、评价信息的能力为目标的一种教育活动。它重视学生学习方式与策略的引导，努力创设便于开展研究性、协作性、主动性学习的环境，从而使学生逐步适应信息社会生活，并能在实际生活中灵活运用信息技术。

信息技术教育并不是一种纯粹的技能教育，它包括计算机运用技术、网络运用技术和信息检索技术的教育，还包括信息意识、信息观念、信息道德、信息法规等方面的教育，可以培养学生具有适应信息社会的知识结构，开发学生可持续学习能力、创新能力和批判性思维能力。

教育部公布的《中小学综合实践活动课程指导纲要》中关于信息技术教育的推荐主题如表 3-5 所示。

表 3-5 信息技术教育活动推荐主题

学段	主题	简要说明
3～6 年级	我是信息社会的“原住民”	认识计算机的外部组件，学习鼠标操作，体验用计算机听音乐、看电影、学习课件等。了解信息和信息处理工具，初步掌握计算机的基础知识和基本操作，认识信息、信息技术在社会生活中的重要性，建立初步的信息意识
	“打字小能手”挑战赛	掌握键盘知识和基本指法，学会用键盘输入的方法，为今后的信息技术学习打好基础，体验数字化学习带来的乐趣
	我是电脑小画家	学习使用画图类的软件，利用鼠标作画来描绘身边的美好生活，熟练掌握鼠标操作的技巧，为今后的信息技术学习打好基础，同时形成相互协作、共同完成任务的意识
	网络信息辨真伪	学习如何启动浏览器，浏览网站，利用搜索引擎搜索并获取自己需要的信息，在此基础上，学习如何保存需要的网页。掌握在网络上搜索信息的能力，提高判断真实信息和虚假信息的能力
	电脑文件的有效管理	掌握查看文件的基本操作方法；新建文件夹，以及复制、移动、删除文件等；建立共享文件夹，在局域网中共享文件，体会文件在信息管理中的重要性
	演示文稿展成果	了解演示文稿的结构，学习在文稿中插入幻灯片，复制、删除、移动演示文稿中的幻灯片，在幻灯片中输入文字以及插入艺术字和图像；设置简单的动画效果，为演示文稿设置超链接和动作，保存、预览、打印文稿等。增强信息意识，培养利用数字化工具完成作品设计与创作的能力
	信息交流与安全	申请电子信箱并收发电子邮件，按需求管理电子信箱中的电子邮件，了解垃圾邮件的危害；学会使用一种即时通信工具；申请网络博客，并发表个人博客；了解计算机病毒，学习查杀计算机病毒的操作方法。养成规范、文明的交流习惯，树立网络信息安全意识
	我的电子报刊	学习如何录入文字并保存，学习设置段落对齐的方式、文字格式和间距，制作艺术字标题，在文档中插入图片，使用在线素材库，给文本框添加边框、背景、阴影等效果，绘制形状图，给文章添加页眉、页码、脚注，利用插入的表格进行求和、计算平均数、求最大数等，发布与交流电子报刊作品。了解文字处理软件的用途及使用方法，感受用表格展示信息的特点，初步形成数据处理的基本能力和意识
	镜头下的美丽世界	学会使用数字拍照设备拍摄图像、视频，用图像管理软件浏览图像，设置图像管理软件的参数，学习批量操作图像文件，调整图像的明暗、色调，裁剪图像，为图像添加边框，生成电子相册等；学习用视频编辑软件截取视频片段、合并视频、转换视频文件的格式等。体验数字化图像、视频为人们生活、学习带来的便利，并初步接触知识产权、肖像权等知识，增强信息意识与信息社会责任
	数字声音与生活	录制声音，保存声音，了解声音文件的基本格式，连接、混合声音，剪切声音片段，设置淡入淡出的效果，转换声音文件的格式等。体验数字化声频为人们生活、学习带来的便利，提高数字化学习与创新的信息素养，进一步加深对知识产权的理解，增强信息社会责任

表 3-5（续）

学段	主题	简要说明
3～6年级	三维趣味设计	了解三维设计的基本思路，理解三维设计的应用，用三维建模软件设计一些与学习、生活相关的物品，亲历在综合情境下运用多种技术实现个性化、定制化产品研发的过程。学会利用技术解决真实问题，并初步感受文化创意产品的传播规律
	趣味编程入门	了解所学语言编程的基本思路，理解所学编程语言中程序设计的基本结构，掌握编程的方法和步骤，编写出简单的程序。通过学习简单的编程语言，初步树立计算思维的信息素养，为中高年级程序语言的学习打好基础
	程序世界中的多彩花园	利用建模的思想，使用程序编写的方式绘制各种图案，结合其他工具制作出明信片或者填色书，让不同的学生进行手工填色，完成各种各样的精彩图画。体会程序设计在美术制作领域中的作用，体会技术和艺术之间取长补短的关系，提升审美素养
	简易互动媒体作品设计	使用常见的外部设备，结合常见的编程语言，设计出通过多样化信息输入方式呈现出各种有趣效果的互动作品；培养将新奇创意变为现实的意识，掌握人机互动的原理，体会跨学科学习的魅力，提高动手实践能力
	手工制作与数字加工	将电路知识和艺术设计结合起来，制作一个手绘图案的盒子，将各种电子元器件连接在盒子内部，使之成为发光的盒子。然后利用计算机将手绘的图案变成可以复制的、大规模印刷的电子文档，制作一排“发光墙”。初步了解大工业生产模式和手工模式的区别和联系，亲历单元设计以及单元联结成大型装置的过程，理解模块的概念在艺术设计中的应用

2．信息技术教育的特点

（1）开放性

在学习内容上，信息技术提供了丰富的学习资源，拓展了学习材料，学生的知识学习不再仅限于课堂上的内容。在学习过程上，突破了狭小的教室空间与短暂的课堂时间，学生的视野得以开拓。在学习时间上，不再局限于某个学习阶段，学生可以根据自己的学习需要、学习速度、学习计划等，适时地选择参与学习的时间。

（2）交互性

主要表现为学生与信息内容的交互、学生与他人之间的社会性交互两种形式。学生与信息内容的交互就是面对媒体呈现的信息，学生联系原有知识形成对当前信息的理解，而当前的新信息又可以使原有知识进行重组或调整。学生与他人之间的社会性互动是指师生之间、生生之间以及学生与外界的交流都可以通过信息技术去完成。

（3）自主性

在信息技术教育活动中，教师教给学生基本的理论知识和操作技能，创设情境引起学生兴趣后，学生可根据自己的兴趣爱好进行自主学习和探究。遇到问题时，学生可以通过网络交互平台向教师或同伴寻求帮助，学生的自主性得到了尊重与发挥。

（4）协作性

在信息技术教育环境下，学生在自主学习的过程中，必然会遇到许多问题。这时，就需要通过师生互动、生生合作等方式进行讨论或交流，使学生既能独立思考，又能与伙伴分享信息、互相帮助、彼此协作。

3. 信息技术教育的意义

信息技术教育的意义主要体现在以下几个方面。

第一，信息技术教育的有效实施可以提高学生利用信息技术开展学习和探究活动、积极参与社会实践、主动学习的能力。

第二，信息技术教育可以弥补教学手段的不足，增强教学中的形象化成分，顺应学生的心理和思维发展规律。

第三，可以拓展学生适应现代社会生活所需的信息技术技能，巩固信息素养和技术创新意识，对于培养国家建设和国际竞争所需的信息技术人才、提高全社会的科技文化水平具有非常重要的作用。

第四，可以全面提高学生的综合素质尤其是信息素养，有助于学生共同享受学习资源，形成学习化社会。

（二）信息技术教育的目标

在小学阶段，信息技术教育的具体目标为：

（1）了解信息技术的应用环境及信息的一些表现形式。

（2）建立对计算机的感性认识，了解信息技术在日常生活中的应用，培养学生学习、使用计算机的兴趣和意识。

（3）能够通过与他人合作的方式学习和使用信息技术，学会使用与年龄发展相符的多媒体资源进行学习。

（4）能够在他人的帮助下使用通讯工具远距离获取信息、与他人沟通，开展直接和独立的学习，发展个人的爱好和兴趣。

（5）知道应负责任地使用信息技术系统及软件，养成良好的计算机使用习惯和责任意识。

（三）信息技术教育的内容及其要求

1. 信息技术教育的内容

小学信息技术教育的内容包括基础性内容和拓展性内容两大部分。

基础性内容是学生运用信息技术开展学科学习和综合实践活动，适应现代社会生活的必要基础，是必修内容。在《中小学信息技术课程指导纲要》中，将信息技术教育的基本教学分为信息技术初步认识、操作系统简单介绍、用计算机画画、用计算机作文、网络的简单应用、用计算机制作多媒体作品六个模块的内容（见表 3-6）。

拓展性内容是针对信息技术条件较好的地区以及在信息技术方面学有余力的学生设置的选择性学习内容，以引导学生在信息技术学习的广度和深度上进一步发展。如小学的选修课程可以包括机器人教学和LOGO语言的内容等。

表3-6 小学信息技术教育的内容

模块	名称	内容
模块一	信息技术初步认识	① 了解信息技术基本工具的作用，如计算机、雷达、电视、电话等 ② 了解计算机各个部件的作用，掌握键盘和鼠标的基本操作 ③ 认识多媒体，了解计算机在学习和生活中的一些应用 ④ 了解信息技术相关的文化、道德和责任，培养良好的信息使用习惯
模块二	操作系统简单介绍	① 学会一种汉字输入方法 ② 掌握操作系统的简单使用方法 ③ 学会对文件和文件夹（目录）的基本操作
模块三	用计算机画画	① 学会使用基本的绘图工具 ② 学会图形的制作 ③ 学会图形的着色 ④ 学会图形的修改、复制、组合等处理
模块四	用计算机作文	① 掌握一种文字处理的基本操作 ② 学会文章的编辑、排版和保存
模块五	网络的简单应用	① 了解网络的基本知识 ② 学会用浏览器收集信息并下载和保存 ③ 学会使用电子邮件
模块六	用计算机制作多媒体作品	① 了解多媒体的素材类型 ② 学会使用一种常用的多媒体制作工具进行作品的编辑 ③ 学会多媒体作品的展示
模块七（选修）	LOGO绘图	① 学会用 LOGO 基本绘图命令绘制基本图形；添加颜色；并组成组合图形 ② 学会用LOGO音乐命令演奏乐曲 ③ 了解用控制命令操作机器人的方法 ④ 了解LOGO简单编程

【活动实例3-12】

我是打字小能手

一、活动目标

（1）掌握基本的键盘知识和基本指法，掌握正确有效的打字方法。

（2）为今后的信息技术学习打好基础，体验数字化学习带来的乐趣。

二、活动过程

1. 第一课时

（1）以游戏导入

游戏一：请学生快速地根据教师指令伸出相应的手指，比比谁的反应快。

游戏二：教师出示手指游戏插图，试着玩一玩插图中的手指游戏，看看谁的手指更灵活。

（2）认识键盘

① 教师介绍键盘及其组成。

② 教师出示课件，补充展示各区的键位及相应的功能。

③ 介绍打字软件，展示软件的具体内容和功能。

（3）学习指法

① 出示手指分工图，让学生试着在键盘上找出手指所对应的位置。

② 学生打开软件，进行指法练习，教师进行指导。

③ 教师需提醒学生打字时保持正确的姿势。正确规范的操作姿势有利于快速而正确地打字，而且不容易疲劳。

（4）小结

① 请学生说说初步尝试的感受。

② 教师汇总学生的练习情况，鼓励学生不要着急，只要正确运用方法，一定能越打越好。

③ 教师布置作业，要求学生课后进行练习，促进方法掌握。

2. 第二课时

（1）学生交流，说一说自己的练习情况和在练习过程中遇到的困难。

（2）学生分组讨论练习中遇到困难该如何解决。

（3）师生一起讨论如何提高打字速度。（全班交流、筛选，将好的办法记录下来）

（4）教师请打字快的学生分享自己的经验。

（5）学生打开软件，运用刚才学到的方法，练习打字。

3. 第三课时

（1）正式举行“打字小能手”挑战赛。

① 每4人一组进行比赛，选出成绩最好的学生。（要求速度快，正确率高）

② 每组选出来的学生再进行班级挑战赛，选出班级的打字小能手。

（2）教师引导学生自主设计比赛内容和规则。

① 教师引导学生多思考设计比赛需要考虑的因素。

② 各小组自由讨论，教师巡视并进行指导。

③ 全班交流、筛选后，实施大家设计的比赛方案。

三、活动总结

（1）教师肯定学生在整个学习和练习打字过程中付出的努力，希望已经是打字小能手的学生能再接再厉，更上一层楼，也要鼓励打得不够快的学生继续努力，争取早日加入打字小能手的行列。

（2）根据学生设计的比赛内容和规则，继续组织新的挑战赛，让比赛常办常新。

2．信息技术教育内容选择的要求

（1）结合学生经验，突出实践性

信息技术教育活动要密切联系学生的生活学习经验，创设高度真实、多种多样的活动情境，使学生能针对实际需要，在真实有趣的情景和难度不同的活动中练习技能，提高操作技能的灵活性，从而掌握实用的知识和技能。

（2）要兼顾趣味性和挑战性

富有趣味性的活动主题可以激发学生探究未知技术领域的好奇心，带给学生学习的动力；具有挑战性的活动主题可以引导学生对信息进行必要的比较、分类、综合。信息技术教育的内容在选择时兼顾趣味性和挑战性，可以使学生在保持兴趣的同时，积极通过理解、推理等思维过程来解决问题，促进高水平思维的发展。需要注意的是，信息技术教育活动的内容不能过于简单，以避免学生通过简单的信息复制和粘贴就能完成任务，而形成机械复制、不求甚解的思维惰性。

（3）创设多样化、分层次的学习内容，鼓励个性发展

学生在信息技术方面的起点水平参差不齐，学习过程中的实践能力和兴趣分化也很快。教师要充分了解学生已有的学习水平，设立分层次的学习目标和多样化的活动方式，尽量鼓励学生自主选择适合自己水平和兴趣的内容，避免出现“基础差的学生跟不上，基础好的学生吃不饱”的情况。

第四节　职业体验及其他活动

一、职业体验

（一）职业体验活动概述

1．职业体验活动的含义

职业体验活动是指学生在实际工作岗位上或模拟情境中见习、实习，体认职业角色的过程，如军训、学工、学农等。作为体验教育的一种具体表现形式，职业体验旨在通过学生的亲身实践，获得对职业生活的真切理解，发现自己的专长，培养职业兴趣，形成正确的劳动观念和人生志向，提升生涯规划能力。

教育部公布的《中小学综合实践活动课程指导纲要》中关于职业体验活动的推荐主题如表 3-7 所示。

表 3-7　职业体验活动推荐主题

学段	主题	简要说明
3～6 年级	今天我当家	通过记录家庭一日支出、制订购物计划、合理支配个人零花钱、了解购物小常识、自购学习用品、尝试当家一天、学习正确选购简单安全的食材等活动，初步树立理财意识，养成勤俭节约的生活习惯，培养对父母的感恩之心
	我是小小养殖员	在教师的指导和组织下，亲手饲养 1～2 种常见小动物（如小金鱼、小乌龟、小白兔等），农村地区的学生可以帮助家人养家禽等，记录饲养过程，完成它们成长过程的观察记录，懂得饲养的正确方法；学会用数据、照片、视频、语言描述等方法交流自己的观察结果和饲养体验。初步了解并掌握若干种小动物饲养的简单方法，增强关爱小动物以及人与动物和谐相处的生态意识
	校园文化活动我参与	通过访问、考察等方式调查与了解本校各种校园文化活动（如值周活动，各种社团活动，各种重要节日活动，校园体育、阅读、艺术、科技节等）的实施要求，选择自己感兴趣的活动参与其中，从中发现问题，提出改进措施，增强参与服务意识，提高发现问题的能力
	创建我们自己的“银行”（如阅读、道德、环保）	讨论和分析如何通过创建“银行”来解决各种日常（班级）生活中的问题（如阅读问题、道德意识、环保意识培养等）；开展规则制定、任务分工、运用实验及效果分析等活动，提高活动策划与组织实施能力
	找个岗位去体验	联系学生家长单位或学校周边商场、图书馆、派出所、环保局等单位，体验理货、整理图书、打扫卫生、协警等岗位；初步体验职业，感受不同职业的劳动，体会各种职业劳动的艰辛。初步树立尊重别人劳动成果的意识，体会劳动创造幸福生活的内涵
	来之不易的粮食	调查和实地考察农民，了解当地主要粮食作物的种类，认识各种粮食作物，观察农作物生长，体验作物栽培管理（如除草、间苗、浇水、施肥等），感受粮食的来之不易，初步树立爱惜粮食、尊重他人劳动成果的意识和行为习惯
	走进爱国主义教育基地、国防教育场所	利用网络、书籍等多种途径，了解要参观考察的爱国主义教育基地（禁毒教育基地、安全教育基地、红色旅游区）、国防教育场所的基本情况、资源内容与特点；提出自己想研究的问题，在参观和考察过程中尝试解决问题，增强爱国主义情感和国家认同感
	走进立法、司法机关	收集信息了解人民代表大会、法院、检察院等的职能；走进当地人民代表大会、法院、检察院等；与立法、司法机关工作人员进行座谈；旁听法院庭审；组织开展“模拟审议”“模拟法庭”等活动；交流分享对法律尊严的理解和认识，尊崇法治，敬畏法律，具有规则与法治意识
	我喜爱的植物栽培技术	在教师的指导和组织下，亲手种植 1～2 种常见农作物或花卉，观察记录它们的生长过程，掌握栽培的基本方法；学会用数据、图画、语言描述等方法交流自己的观察结果和种植体验。学会使用简单的种植小工具，初步掌握种植的一般方法，增强与自然和谐相处的生态意识

2．职业体验活动的特点

（1）适应性。课程内容的选择与实施过程的设计要具有适应性。一方面，要适应经济社会发展的现实水平，准确反映当前社会职业发展的现状、特点及发展趋势。另一方面，要适应小学生的身心发展特点，与小学生的现实生活相联系。

（2）情景性。职业体验活动课程必须创设一定的情境，引导小学生通过个体的具体实践获得体验，达成目标。

（3）动态性。课程的内容与结构要根据时代的变化而变化，以适应社会的需要、职业的变迁，让小学生及时获取前瞻性的职业信息与体验。

（4）校本性。职业体验课程的设计与实施要立足学校，突出校本特色。一方面要与本区域经济社会发展相适应，另一方面要充分考虑区域内职业教育资源和学校自身所能调配与利用的职业教育资源。

3．职业体验活动的意义

职业体验活动的意义主要体现在以下几个方面。

（1）帮助学生提高自我认识

综合实践活动课程中的职业体验活动是有目的、有计划的学校教育活动。在职业体验活动的过程中，学生能将自己的情况（包括外观、生理状况及自己的感知、思考、体验、意图、行为等心理活动、心理过程、心理内容及其特点）进行自我反馈，并根据自我感知和自我观察对自身状况进行反思，对自己的品格、行为与能力等进行评估，不断提高自我认识。

（2）促进学生认识职业世界

在职业体验活动中，学生通过体验学习建立起职业生活与学习生活的联系，在了解各种职业工作特点的同时，还能了解社会的组织结构、运行方式及取酬原则等内容，并将课本所学积极运用于职业生活中。因此，职业体验活动有助于学生从不同的职业中快速认识变化的世界，发现知识学习的意义和价值，从而更好地规划职业。

（3）引导学生树立正确的劳动观

在职业体验活动中，学生可以在特定的情境中主动体验不同职业的工作方式，感受不同职业的劳动过程，从而引发思考，关注不同职业如何通过劳动推动社会的进步和发展，树立起正确的劳动观。

（二）职业体验活动的目标

根据《中小学综合实践活动课程指导纲要》，结合小学生的年龄特征，小学时期职业体验课程的目标可以确定为：让学生通过参与、体验职业活动，促进学生对社会、职业和自我的认识，并在社会、职业和自我之间建立初步的联系，培养学生对未来职业与生活的规划能力、社会适应能力及尊重每种职业的正确职业意识。

（三）职业体验活动的内容及要求

1．职业体验活动的内容

职业体验的关键要素包括选择或设计职业情境，实际岗位演练，总结、反思和交流经历过程，概括提炼经验及行动应用。小学阶段的职业体验活动在 3～6 年级开展，这个年龄阶段的学生大多处于职业幻想期，他们能从外界感知到许多职业，对于自己觉得好玩和喜爱的职业充满幻想并会进行模仿。从这一阶段开展职业体验活动，需要从学生身边对技能要求较低的职业中选择体验岗位，使其了解该职业的基本工作环节和流程。

扫一扫

上海市小学生的职业体验活动

例如，让学生通过在图书馆、学校周边的商场、派出所、环保局等单位体验图书管理员、理货员、协警、清洁工等岗位，初步体验不同职业的劳动；根据《中小学综合实践活动课程指导纲要》中的推荐主题“我喜爱的植物栽培技术”“来之不易的粮食”“我是小小养殖员”“走进立法、司法机关”等设置职业体验活动。

【活动实例 3-13】

模拟法庭

一、活动背景

“模拟法庭”是一种法制教育的创新形式，更加贴近学生的心理特点，有利于培养学生诚实信用、遵纪守法、崇尚法治的法制观念，提高其法制意识，促进其健康成长。

二、活动目标

（1）使学生了解基本的法律知识。

（2）通过分析和研究案例，模拟案件的处理，解释法律规定，掌握案情与法律之间的关系，充分调动学生学习法律知识的兴趣。

（3）通过亲身参与，使学生可以将所学到的法律知识运用于实践，提高学生的表达能力、应变能力和团结协作能力。

三、活动准备

（1）通过民主推选、学生自愿报名等方式确定“模拟法庭”的组成人员。“模拟法庭”的组成人员包括审判长 1 名、审判员 2 名、书记员 1 名、公诉人 3 名、辩护人 1 名、原告 1 名、监护人 1 名、被告 1 名、证人 1 名、法警 2 名。

（2）准备模拟法庭所需的简单道具，如服装、法锤等。

四、活动过程

1. 活动宣传

学校大队部为开展“模拟法庭”活动进行宣传。

2. 活动具体安排

（1）在 5、6 年级学生中进行选拔，并完成相关的培训、彩排等工作。

（2）对学生进行普法教育，请法官来校为学生们上一堂普法教育课。

（3）请法官对参加模拟法庭的学生进行指导和训练。

（4）正式进行“模拟法庭”活动并录像。

（5）活动过程将在全校进行播放，所有班级统一观看。

3. 模拟法庭现场流程

（1）主持人介绍相关人员，介绍此次模拟法庭庭审案件的相关情况。

（2）庭审程序：

① 开庭；

② 法庭调查阶段；

③ 法庭辩论阶段；

④ 被告人最后陈述；

⑤ 法庭评议与宣判；

⑥ 庭审结束后请嘉宾点评。

五、活动要求

（1）参加活动的班级和学生要认真对待本次活动，刻苦练习。

（2）在活动过程中要遵守纪律，不打闹、不喧哗。

（3）各班观看后，由班主任组织召开主题班队会。

（4）每个学生写一篇活动体会。

2. 职业体验活动内容选择的要求

职业体验活动在选择和设计内容时应注意以下几点。

（1）职业体验内容是实施职业生涯教育的载体，是帮助学生认识职业、体验职业和形成职业规划能力的基础。因此，职业体验内容必须能全面客观地体现该职业的基本内涵、性质和特点，以及该职业对知识、技能和素养的要求。

（2）职业体验活动应该贴近学生的日常生活，选择学生最熟悉、最贴近的职业群体（如父母的职业）作为起点，再逐步扩大选择范围。

（3）应充分考虑到教育的特点与要求，在职业内容与教育内容之间建立联系，对职业内容进行转化，使其成为适合开展教育活动的课程内容。

二、其他活动

综合实践活动除了以上活动方式外，还有其他活动，如党团队活动、博物馆参观等。综合实践活动方式的划分是相对的，在活动设计时可以有所侧重，以某种方式为主，兼顾其他方式；也可以整体设计、综合实施，使不同活动要素彼此渗透、融合贯通。教育部公布的《中小学综合实践活动课程指导纲要》中关于其他活动的推荐主题如表 3-8 所示。

扫一扫

北京市景泰小学

“博物馆中的礼仪”

表 3-8 其他活动推荐主题

学段	主题	简要说明
1～2 年级	队前准备	知道少先队组织含义和入队标准，有强烈的入队意愿，通过实际行动掌握队前教育知识和技能，用行动志愿加入光荣的少先队组织，成为一名合格的少先队员
	入队仪式	通过庄严的入队仪式，帮助队员明确身份和责任，为队员的组织成长留下痕迹
	少代会	了解或参与少代会，产生向往和体验队组织生活的情感
	红领巾心向党	了解、区分党、团、队旗的特点，了解共性，达到认识组织标志、简单了解组织间领导和发展关系的目的
3～6 年级	走进博物馆、纪念馆、名人故居、农业基地	在外出考察前，利用网络、书籍等多种途径，了解社会资源单位的基本情况、资源内容与特点；提出研究问题，设计考察方案；通过任务驱动的方式，有效地开展实践活动，获得研究结论。增加对本地自然和社会生活的了解，增长生活经验，增强社会适应能力
	过我们 10 岁的生日	一起过 10 岁集体生日，凝结友情，增强集体凝聚力；梳理自己和集体的成长足迹，避免攀比等负面现象，确定自己和集体新的成长目标，关注个人与集体共同的成长、收获，感恩父母、师长、同伴
	红领巾相约中国梦	从少先队员的视角采访亲朋好友及社会各行业的人，了解个人成长、发展与实现中国梦之间的关系，激励自身努力增长本领和才干，为实现中国梦作出自己的贡献

【活动实例 3-14】

走进博物馆

一、活动背景

博物馆是学校教育的第二课堂，它是一部立体的“百科全书”和实物的“图书馆”，是辅助教学的重要手段。相对于学校教育而言，博物馆的教育形式更具多样性、趣味性与直观性。在博物馆中，学生通过近距离地观察文物、了解文物的特点、感受文物蕴含的历史和文化，能够深刻体会劳动人民的勤劳和智慧，感知历史和文化的博大精深，增强民族自豪感。

二、活动目标

（1）使学生了解文物的特点和保护文物的方法，增强保护文物的意识。

（2）通过此活动培养学生自主实践的能力，能运用多种方式展示自己的收获，乐于表达自己的感受。

三、活动过程

1. 第一阶段：确定主题，拟订方案

（1）创设情境，启发谈话。

教师：今天，我要给大家介绍一个地方。你们瞧，这是哪？（出示图片）这就是我们××市博物馆。博物馆又大又漂亮，里面收藏了很多的文物，你们去过吗？看过什么文物呢？去过的同学能不能给大家介绍一下？你们还去过哪些博物馆呢？（学生发言）通过刚才同学的介绍，我们对××市博物馆有了一个简单的了解。今天，就让我们一起走进博物馆吧！

（2）明确目标，激发兴趣。

① 教师：每个博物馆都有许多值得看的文物，每件文物的背后都有一段历史故事。来，我们来看看博物馆里的这些宝贝吧。（展示文物图片）

② 教师引导学生围绕“博物馆”这个主题，谈一谈自己的想法。

③ 师生一起讨论和归纳，列出本次活动的子课题，如保护文物、文物历史故事、古代高超的制作技艺等。

（3）成立小组，拟订方案。

① 学生根据自己的兴趣，自愿选择活动小组。（教师可适当调整）

② 小组成员共同商讨，拟定活动方案，填写活动方案表。（教师适当指导）

③ 制订方案的具体要求：小组成员要大胆发表自己的想法；小组成员应团结协作、合理分工。

（4）交流、整理活动方案。

① 教师组织各组交流活动方案，相互评价，互提修改意见。

② 各组修改和完善活动方案。

2. 第二阶段：分组活动，整理资料

（1）各小组按活动方案进行实践活动。

① 教师组织学生到博物馆参观，并记录下所看到的和所想到的。

② 可通过查阅书籍、网络、采访、调查等方法，了解与博物馆内具有代表性的文物相关的知识和故事。

③ 收集和整理与文物相关的图片和视频资料。

④ 采访博物馆工作人员，了解有关文物的保护措施。

⑤ 搜集生活中人们对文物的破坏行为。

⑥ 各组整理调查资料，准备交流汇报。

（2）在学生开展活动的过程中，教师应配合做好调查、研究的协调、联系等工作，并随时对学生的活动给予必要的指导。

3. 第三阶段：汇报交流，评价总结

（1）各小组通过 PPT 展示活动情况。

（2）教师对各组汇报情况进行评价。

（3）教师介绍保护文物的相关法律法规，号召学生爱护文物；师生一起交流和讨论保护文物的方法，并将好的办法用“留言板”的形式展出。

四、活动总结

（1）请学生写一篇博物馆游记。

（2）教师提出希望：以后去博物馆时，多发现、多提问，用自己的方式去体验丰富的历史和文化。同时，在自己做到爱护文物、保护文物的同时，号召身边的人也要做到文明参观。

思考与练习

1．小学综合实践活动课程的类型有哪些？分别有哪些特点？

2．请为每个综合实践活动课程类型提出至少 2 个活动主题。

3．请思考你生活的地区适合小学生参与的考察探究活动有哪些？试着为你所在地区的一所学校制订一个考察探究活动的方案。

4．端午节即将到来，某小学想开展一次以“端午节”为主题的综合实践活动，请你为该校制订一个完整的端午节活动方案。

第四章

小学综合实践活动课程资源的开发

内容提要

小学综合实践活动课程资源是小学综合实践活动课程得以呈现的基础，是综合实践活动课程设计、实施的基本组成部分。做好课程资源的开发，是小学综合实践活动顺利实施的前提和关键。本章介绍了小学综合实践活动课程资源的含义、分类、特点，通过对课程资源开发的原则、基本要求和意义的分析，全面讲解了小学综合实践活动课程资源开发的方法。

学习目标

- 了解课程资源的含义、分类和特点。
- 识记小学综合实践活动课程资源开发的原则、基本要求和意义。
- 掌握小学综合实践活动课程资源开发的方法。

素质目标

- 培养分析问题、解决问题的思维方式。
- 培养积极的文化态度，树立文化自信，传播中国传统文化。

第一节　课程资源概述

一、课程资源的含义

课程资源也称教学资源，是指在课程目标的指引下，通过筛选、整合，可以充实到课程内容，并能保障课程活动顺利进行的各种有形的人力、物力、自然资源及无形的知识结构和经验，如教材、教师、学生、家长、学校及家庭和社区中有助于提高学生素质的各种资源。

小学综合实践活动课程资源是形成小学综合实践活动课程的要素来源与实施综合实践活动课程的必要而直接的条件。其要素来源包括一切有助于综合实践活动课程目标达成和教学实施的重要因素，如知识、技能、经验、活动方式和方法、培养目标等；实施条件则包括时间、场所、设备、环境、媒介等。但需要明确的是，并不是所有的资源都是课程资源，只有那些进入课程，与教学活动相联系的资源，才是课程资源。

课程资源的建设是课程改革计划的一部分，从综合实践活动课程目标的制定、课程设计的规划到课程管理的实施过程都要充分考虑课程资源因素，保证课程资源能及时发挥作用。

阅读资料

泰勒的课程理论

泰勒是美国著名的教育学家，现代课程理论的重要奠基者，被誉为“现代课程理论之父”“当代教育评价之父”，他于 1949 年出版了《课程与教学的基本原理》一书，书中提出了著名的“泰勒原理”。

“泰勒原理”的基本内容是围绕四个基本问题的讨论展开的，即学校应该达到哪些教育目标？提供哪些教育经验才能实现这些目标？怎样才能有效组织这些教育经验？怎样才能确定这些目标正在得到实现？这四个基本问题可进一步归纳为确定教育目标、选择教育经验、组织教育经验、评价教育计划。泰勒的课程研究，围绕着解决这些问题的方法和程序进行，对每个问题分别从教育的实际状况进行了分析，提出主要问题所在，然后进一步提出解决问题的思路和方法。因此，他提出“任何单一的信息来源都不足以为明智而综合地决定学校目标提供基础”。他认为，课程资源就是寻求目标、选用教学活动、组织教学及在制订评估方案过程中的多种可利用的资源。依据课程研制进程，有目标资源、教学活动资源、组织教学活动资源及制订评估方案资源等。

泰勒对课程资源的理解和界定是从课程研制过程角度和资源可利用性的特点进行的，其最大的优点在于通过确定课程资源的显性来源使其具有可操作性，但却忽视了隐性的和潜在的可能资源。虽然泰勒原理是一种时代性的产物，也有自身的局限性，但它在课程与教学发展史上的地位是无法动摇的，是现代课程的典范。

二、课程资源的分类

把课程资源进行分类就是建立课程资源的次序和系统。具体地讲，就是要把众多的课程资源，按照一定的标准归属到一起，再根据某些不同的特点，把它们区分开来，以便更好地认识和掌握它们。

（一）根据资源的空间分布分类

根据空间分布的不同，课程资源可分为校内课程资源、校外课程资源和网络资源。

1. 校内课程资源

校内课程资源是指学校范围之内的课程资源。包括传统的教育资源，如教材、教参、练习册等；校内的各种场所和设施，如图书馆、实验室、运动场、学校网站等；校内人文资源，如教师群体、学生团体、班级组织、校纪校风等；与教育教学密切相关的各种活动，如讲座、实验实习、文艺演出、社团活动、典礼仪式等。校内课程资源是实现课程目标，促进学生全面发展的最基本、最便利的资源。

2. 校外课程资源

校外课程资源是指学校之外的课程资源。包括家庭、社区和整个社会中各种可用于教育教学活动的设施、场所、条件及自然资源等，如图书馆、博物馆、纪念馆、科技馆、家长、校外学科专家、上级教研部门、大学设施、学术团体、工厂、企业、农村、历史名胜、革命传统、民俗风情、人文景观、部队、科研院所、科技活动中心、少年宫、社区组织、电视、广播、报纸杂志等。校外课程资源可以弥补校内课程资源的不足，充分开发与利用校外课程资源可以为转变教育教学方式，适应新课程改革提供有力的支持和保证。

知识链接

什么是新课程

新课程是指在教师指导下，学生自主学习、自主发展活动的总和；是学生主动与教材、教师、同学、环境等相关课程要素进行互联互动、共生共创、整合建构的“生态系统”。

新课程改革的内容主要包括以下几点。

① 改变课程过于注重知识传授的倾向，强调形成积极主动的学习态度，使获得基

础知识与基本技能的过程同时成为学会学习和形成正确价值观的过程。

② 改变课程结构过于强调学科本位、科目过多和缺乏整合的现状，整体设置九年一贯的课程门类和课时比例，并设置综合课程，以适应不同地区的学生发展需求，体现课程结构的均衡性、综合性和选择性。

③ 改变课程内容"繁、难、偏、旧"和过于注重书本知识的现状，加强课程内容与学生生活及现代社会和科技发展的联系，关注学生学习的兴趣和经验，精选终身学习必备的基础知识和技能。

④ 改变课程实施过于强调接受学习、死记硬背、机械训练的现状，倡导学生主动参与、乐于探究、勤于动手，培养学生搜集和处理信息的能力、获取新知识的能力、分析和解决问题的能力以及交流与合作的能力。

⑤ 改变课程评价过分强调甄别与选拔的功能，发挥评价促进学生发展、教师提高和改进教学实践的功能。

⑥ 改变课程管理过于集中的状况，实行国家、地方、学校三级课程管理，增强课程对地方、学校及学生的适应性。

3. 网络资源

网络资源主要指多媒体化、网络化、交互化的以网络技术为载体而开发的校内外资源。计算机网络是信息社会的基础，网络技术已经渗透到社会生活的方方面面，基于网络环境下的教学已经成为教学发展的趋势。

（二）根据资源的属性分类

根据资源的性质，可以将课程资源分为自然课程资源和社会课程资源。

1. 自然资源

自然课程资源包括自然景观、水土、气候、植被、自然现象等。这些资源在学生学习语文、地理、生物、综合实践等课程时都可作为课程资源加以利用。例如，用于生物课程的动植物、微生物资源；用于地质、地理课程的地形、地貌和地势资源；用于气象课程的天气、气候、季节；用于美术课程的自然景观等。认识自然，融入自然，学会与自然界和谐共处，是学生素质养成的重要内容，也是整个课程编制过程应体现的一个基本理念。

2. 社会资源

社会课程资源包括展示人类文明成果的公共设施或公共场所，如图书馆、科技馆、博物馆、展览馆等；人类的各种活动与交往，如政治活动、经济活动、艺术活动、外交活动、科技活动、军事活动等。此外，影响人类生产生活的价值观念、宗教伦理、风俗习惯等与教育活动有着直接的联系，也是不可或缺的社会课程资源。

阅读资料

传承、发扬红色精神

爱国主义教育基地作为历史发生的地点，真实保存了历史痕迹，其作为爱国教育的重要载体，承载了“红色精神”的教育功能。中小学生是祖国的未来，教师带领学生积极开展爱国主义教育示范基地的教育实践活动，可以让他们充分了解历史、铭记历史，传承红色精神，感知红色精神魅力，培育爱国情怀。

“风潇潇兮易水寒，战士一去兮不复返。”烽火连天的岁月一去不复返，多少英雄在战火中倒下，他们用生命书写的丰功伟绩随着岁月沉淀！他们是历史的见证人，是烽火中不曾倒下的英雄。战火纷飞，硝烟弥漫，枪林弹雨的时代虽已离我们远去，然而逝去的仅仅是岁月，历史的记忆永远深刻，精神永垂不朽。对于未曾经历那个时代的当代少年，教师能做的只有去寻找与挖掘。教师可以带领学生参观纪念馆、名人故居、烈士陵园等爱国主义教育基地和红色旅游景点，让他们了解革命英雄的英勇事迹，寻访那段血与火的峥嵘岁月，去感受英雄们的伟大事迹，激励自己在未来的学习生活中勇往直前！

“前事不忘，后事之师，以史为鉴，开创未来！”历史带给我们最永恒的是闪耀人性光辉的不朽精神，只有牢记历史才能够传承我们伟大的民族精神，才能让我们的中华民族生生不息。往昔岁月仍可追，因为这些纪念馆、烈士陵园、是我们宣扬历史的最好载体。我们的民族精神、爱国主义传统、民族自尊心和自豪感，完全能透过这些凝固的历史得到体验和升华。

爱国教育基地是历史的浓缩，是历史的再现，是爱国教育的最有价值载体，是开展思想道德建设的珍贵教材，它的生动性、深刻性，能使思想道德教育更加生动形象，入耳、入脑、入心，大大增强了教育的效果。传承民族精神，讲好中国故事。相信孩子们通过这样的实践活动，定会让“红色精神”更好地闪耀在校园！

（三）根据资源的物理特征和呈现方式分类

根据资源的物理特征和呈现方式，课程资源可以分为文本资源、实物资源、活动资源和信息化资源。

1. 文本资源

文本资源是指以印刷品形式呈现出来的课程资源，如教科书、图书、报刊等。这些文本资源是人类生产与生活经验的结晶，是人类文化的浓缩，是最重要的课程资源之一。

2. 实物资源

实物资源表现出多种形式，包括自然物质，如动植物、矿石等；人类生产、生活过程中创造出来的物质，如建筑、机械、服饰等；为教育教学活动专门制作的物品，如笔墨纸砚、模型、标本、挂图、仪器等。实物形式的课程资源具有直观、形象、具体的特点，是常用的课程资源。

3. 活动资源

活动资源包括师生交往活动、各种集会和文艺演出、社会调查和实践活动、班集体活动和学生社团活动等。充分开发与利用活动课程资源，有利于打破单一的课堂教学模式，调动学生学习的积极性。

4. 信息化资源

信息化资源以计算机网络为代表，具有信息容量大、智能化、虚拟化、网络化等特点，对于丰富学生的认知途径及提高教育教学的效果有着重要作用。随着教育现代化进程的不断推进，信息化课程资源的开发与利用已势在必行，它是最富有开发与利用前景的资源类型。

（四）根据资源的功能特点分类

根据资源的功能特点，课程资源可以分为条件性课程资源和素材性课程资源。

1. 条件性资源

条件性课程资源是指那些并不直接形成课程本身，但在很大程度上决定着课程实施的范围和水平的资源，如人力、物力、财力、时间、场地、媒介、设备、设施、环境及对课程的认识状况等。

2. 素材性资源

素材性课程资源是指能直接作用于课程，并且能够成为课程的素材或来源的资源，如知识、技能、经验、活动方式和方法、情感态度及价值观、培养目标等。

需要注意的是，条件性课程资源和素材性课程资源的划分并不是绝对的，许多课程资源本身往往既包含课程的素材因素，也包含课程的条件因素，比如实验室、图书馆、博物馆、互联网、人力和环境等资源等。

（五）根据资源的存在方式分类

根据资源的存在方式不同，课程资源可以分为显性课程资源和隐性课程资源。

1. 显性课程资源

显性课程资源是指看得见、摸得着，可以直接运用于教育教学活动的课程资源，包括信息资源和各种物质条件资源，如教材、文献资料、网络、视听传媒、社会机构、自然和社会资源中的实物、活动等。作为实实在在的物质存在，显性课程资源可以直接成为教育教学的便捷手段或内容，易于开发与利用。

2. 隐性课程资源

隐性课程资源是指以潜在的方式对教育教学活动施加影响的课程资源，如当地的传统、历史文化、经济发展、民俗风情、办学风貌、学校和社会风气、家庭气氛、师生关系等。隐性课程资源不能构成教育教学的直接内容，但是它对教育教学活动的质量和学生的成长起着潜移默化的影响。

（六）根据资源的载体形态分类

根据资源的载体形态，可将课程资源分为以人为载体的课程资源、以物为载体的课程资源、以活动为载体的课程资源三类。

1. 以人为载体的课程资源

以人为载体的课程资源包括具有较高的思想道德素质、丰富的生活经验和广博的专业知识的各类人员，其最大特点是他们可以直接参与课程实施，并对其他资源进行深度加工。

2. 以物为载体的课程资源

以物为载体的课程资源是指以历史、现实和将来存在的物为载体的资源，即物化形态的资源。这类资源较多，只要是附载信息的物，都有可能成为此类课程资源，关键是要根据需要灵活选用。

3. 以活动为载体的课程资源

以活动为载体的课程资源是指所有活动或特定的情境所蕴含的丰富资源，如文艺活动、节日活动等。这类资源有着艺术化的功效，具有动态性、随机性、即时性等特点，只在特定的时空条件下存在，是不能完全复制的情境性资源。

三、课程资源的特点

（一）多样性

课程资源包括一切有可能进入课程，并能与教育教学活动联系起来的资源，其类型丰富、形式多样，如校内课程资源和校外课程资源，自然课程资源和社会课程资源，文字资源、实物资源、活动资源和信息化资源，显性资源和隐性资源等。这些资源共同为课程服务，在存在价值、开发与利用的方法与途径等方面都具有多样性。

（二）多质性

课程资源的多质性主要表现在两个方面。第一，同一资源对于不同的课程有着不同的用途和价值。例如，动植物资源可以成为学生学习生物学、环境学、生态学等课程的资源，也可以成为学生调查、统计的资源；学校附近的山，可以用于进行爬山活动，也可以用于进行地质调查等。第二，同一资源对于同一课程的不同教学内容，也有不同的用途和价值。例如，同一件物理仪器，可以用于不同的物理实验，发挥不同的作用。

（三）动态性

课程资源的动态性特点表现在两个方面。一是课程资源受到自然环境、经济水平、民族文化、社会因素的影响，其内容和存在形式有所不同；二是课程资源的内涵会随着科技进步、社会发展、学校教育拓展等而发生变化，课程与资源的概念得以不断延展，使得更多的资源可以作为影响、支持并构成课程的要素，成为课程资源的一部分。

（四）具体性

课程资源因地域、文化、学校及师生个体差异而各具特色，因而课程资源又有具体性的特点。不同的地域，可供开发与利用的课程资源不同，其构成形式和表现形态各异；不同的文化背景下，人们的科学观、价值观、生活方式、思维方式不同，开发的课程资源也会各具特色；学校性质、规模、地理位置、办学传统、办学水平及教师素质的不同，开发与利用的课程资源必然存有差异；学生个体的家庭背景、智力水平、知识积累、生活经历的不同，利用课程资源时也应该有一定的针对性。课程资源的具体性，使不同地域、不同文化背景、不同学校课程资源的开发都具有各自的优势和特点。

（五）潜在性

课程资源在未被开发和利用之前，其教育性不像学校正式课程那么明显和直接，教育功能和价值都是潜在的。只有在课程实施中，经由实施主体对其进行加工、利用和转化才能作用于课程，发挥出教育功能，其价值才能得以体现。课程资源的潜在性要求在课程资源开发时着眼于应用，并在应用过程中进一步促进开发，使课程资源的潜在价值被不断地发掘出来。

第二节　小学综合实践活动课程资源开发的原则与意义

一、小学综合实践活动课程资源开发的原则

课程资源开发是指教师为了反映教育理想和目的，符合社会发展需要，满足学生的兴趣爱好和发展需求，并与教师教学修养的现实水平相适应的前提下，整合、利用和开发学校、家庭、社区教育资源的行为。

为了提高课程资源开发的有效性，课程资源的开发必须遵循以下原则。

（一）针对性原则

小学综合实践活动课程资源开发的针对性原则主要表现在两个方面。

第一，针对不同的课程目标和主题开发相应的课程资源。课程资源的开发与利用必须在明确课程目标的前提下，认真分析与课程目标相关的各类课程资源，认识和掌握其各自的性质和特点，寻求最有助于实现课程目标的课程资源，保证开发与利用的针对性及有效性。

第二，根据地方、学校、学生的差异，在培养目标一致的前提下，因地制宜、因时制宜、因人制宜。课程资源的开发与利用应针对本地、本校的实际，充分利用本乡、本土的自然和人文资源，突出学校特色；还应针对学生的情况，满足学生的兴趣爱好和发展需求。此外，课程资源的开发还应考虑教师群体的情况，与教师教育教学水平相适应。

（二）经济性原则

经济性原则是指课程资源的开发与利用要尽可能地用最少的开支和精力，达到最理想的效果。包括开支的经济性、时间的经济性、空间的经济性、学习的经济性和人力的经济性。

开支的经济性是在保障资源开发和利用效果的前提下，合理使用经费、节约开支。在综合实践活动进行课程资源开发时，学校要根据自身实际，优先选择那些课程成本低、对学生发展具有重要意义的课程资源，避免盲目选择成本高的课程资源而不计其经济代价、铺张浪费。例如，有的学校设置了华而不实的实践课程，购置了很多设备、仪器，却很少使用，甚至有的设备因长期闲置而损坏，造成了极大的资源浪费。

时间的经济性有两个方面的内容，一是指要优先开发那些时间短、见效快的资源；二是指确保课程资源的应时，尽可能开发与利用对当前教育教学有现实意义的课程资源。

空间的经济性是指课程资源的开发应从实际出发，发挥地域优势，尽可能就地取材，强化学校特色。例如，经济较发达地区的学校可利用本地区的图书馆、科技馆、艺术馆、博物馆等公共资源作为对学生进行综合实践活动课程教育的场所，还可以利用网络信息的便利创建学校自己的网络资源系统，形成资源共享的局面；经济相对落后的山区可以根据本地区、本学校的可得资源现状，开发相应的、富有地域特色的课程资源。

学习的经济性是指针对学生的年龄特征、兴趣、认知水平、能力等方面的差异，尽可能地开发能够激发学生学习兴趣的课程资源。兴趣是最好的老师，学生往往会从自己感兴趣的问题中提出活动主题；同样，教师提出主题，也应创设一定的情境，引起学生的兴趣，才能达到课程资源开发的目的。如果引入教育教学活动的课程资源晦涩难懂，不仅达不到预期目的，还可能会加重学生的学习负担。

人力的经济性是指没有必要大规模地设置课程资源开发的研究机构和研究人员，在实际操作中，可以采用教育专家、课程专家与普通教师共同研究的方法来进行。

（三）渐进性原则

课程资源开发的渐进性原则主要体现为先近后远，逐渐向周边扩展，将零碎的、散落的、无序的各种课程资源，通过整理、加工的方法，使之成为集中的、系统的、可供直接利用的课程资源。课程资源的形式和内容都非常丰富，涉及自然、社会、人文等诸多领域，这就要求在开发过程中合理安排，有计划、按步骤、循序渐进地进行。

（四）优先性原则

优先性原则是指学校必须在可能的课程资源范围内，突出重点，精选那些对学生发展具有重要意义的课程资源，并优先使用。

学校要想帮助学生学会将来能够参与社会生活的各种本领，就必须对有效参与社会生活所应具备的知识、技能、素质，以及社会为个人施展才能所能提供的种种机会进行综合了解，并作出恰当的判断，从而从中筛选出重点内容并使之优先运用于课程。同时，对于课程资源的优先性问题，还要广泛地吸取师生的意见和建议，使课程资源得到更加充分、合理的开发。

（五）适用性原则

适用性原则是指课程资源开发的方式要得当，且资源安全可靠，贴合课程目标。在课程资源开发的过程中，要注重课程资源开发的适应性和实用价值，不能盲目地为了开发而开发。资源开发的方式应在适合小学生年龄特点、兴趣爱好、紧密联系小学生生活的基础上，紧紧围绕课程目标，寻找那些最有利于实现目标的素材进入课程。同时，要善于识别和发现闲置的课程资源，并将其及时加工、转化，充分利用，做到开发和利用相统一，利用频率和效果相统一。

（六）开放性原则

开放性原则是指在课程资源的开发与利用过程中，不局限于教材、学校和地域，以开放的心态对待人类创造的一切文明成果，以开放的目光审视周围的一切事物，尽可能地开发一切有利于教育教学活动的课程资源。

综合实践活动课程资源的主题来源非常广泛，不论什么类型、什么形式，不论是校内的还是校外的，显性的还是隐性的，城市的还是农村的，只要有利于提高教学质量和教育效果，都应是开发的对象。课程资源的开发也不应局限于某一种途径或方式，而应该进行多种探索，并将多种资源尽可能地协调、配合使用。

课堂讨论

小学综合实践活动课程资源的开发原则需要在一个活动中都落实吗？为什么？

二、小学综合实践活动课程资源开发的基本要求

（一）依据课程目标

课程目标是教师开发综合实践活动课程资源的出发点和最终归宿，偏离了目标，课程资源的开发就会表现出盲目性、随意性和零散性。在课程资源的开发过程中，同样的课程目标，有时可能会有许多资源可以利用，这时就需要进行认真地筛选，以提高活动的针对性、增强内容的典型性。

（二）拓展资源范畴

在开发综合实践活动课程资源时，教师需要考虑从课程资源中选择什么样的对象、提取什么样的内容、内容所涉及的范围和呈现方式等多方面的问题，以拓展课程资源的范畴。

从横向的角度来拓展课程资源，可以开阔学生视野、启迪学生思维，使学生更深入地了解所学知识。如果教师能够借助适当的呈现方式，就可以让学生积极地去探索和发现同类事物中的一般规律，理解和掌握带有规律性的知识，从而实现由具体到抽象的升华。

从纵向的角度来挖掘课程资源，可以透过表层内容去揭示更深刻的内涵，实现由表及里的迁移，使学生深入理解和领会所学知识。

（三）体现地方特色

在小学综合实践活动课程资源的开发过程中，要注意体现地方课程资源的独特性和丰富性。目前，很多地方和学校片面地认为综合实践活动课程资源的开发就是补充乡土教材，所以在开发课程资源时视野比较狭窄，大都停留在物产资源、革命传统教育上，而忽视了对本地资源的合理利用。因此，从本地资源中开发出可资利用的课程资源时，既要注意保持文化的独特性，让学生走入现实的社会生活，亲自去感受和体验本土文化，又要引领学生学会理解和尊重多元文化，从中汲取营养。同时，还要考虑本地区、本学校的实际条件，做到综合实践活动课程与其他教育内容的协调配合，建立学校之间、地区之间的教育资源共享，体现地方特色。

三、小学综合实践活动课程资源开发的意义

（一）有利于提升全社会的教育意识和教育观念

课程资源的开发打破了传统的课程观念，确立了与学习化社会相适应的课程观念，为新课程的实施和课程目标的实现提供了条件与保障；为课程知识、过程与方法、情感与态度等多层面标准的实现提供了可能性；为学生探究性、开放式、合作式学习提供了支持；为在家庭、社区、社会范围内开发新的教育与学习资源提供了途径、方法和范例。因此，

课程资源的开发有助于拓宽学校教育的范围，加强学校教育在教育内容层面上与社会各个系统之间的联系，探寻校内外教育相结合的途径，唤起社会的课程资源意识。可以预见，在课程资源的开发过程中，不但会引发一场教育观念的变革，而且会使全社会的教育意识、教育观念有一个提升，为真正建立学习化社会提供必要的观念性准备。

（二）有利于提升教师的课程意识

课程意识是教师对课程系统的基本认识和对课程设计与实施的基本反映。小学综合实践活动课程资源开发对提升教师的课程意识具有重要价值。

第一，小学综合实践活动课程资源的开发有利于确立教师实践的课程观。它打破了学校、社区及家庭之间的堡垒，使学生走出课堂、融入社会，这就要求教师必须在广阔的空间里实施课程，在广泛的课程资源中指导学生进行活动、探究与体验。

第二，综合实践活动课程资源的开发有利于教师主导作用和学生主体地位的确立。教师在开发课程资源时，需要充分考虑学生的生活经验、发展需要、兴趣爱好，让学生以自己喜欢的方式积极主动地参与活动。在此过程中，教师为学生提供建议，解决疑难，与学生一起成长。

第三，小学综合实践活动课程资源开发有利于提升教师课程的生成意识。综合实践活动课程资源在大多数情况下不是给定的、预设的，这就要求教师根据活动的主题和活动开展的过程不断地开发和利用潜在的资源，这一过程本身就是课程的生成过程。

第四，课程资源的开发对教师提出了新的专业能力要求。在进行综合实践活动课程资源的开发时，教师要预估活动所需课程资源、设计课程资源开发方式、研究课程资源开发方案、组织和指导课程资源开发活动、评价课程资源开发的效果。这就要求教师必须具备开放的思维和意识，调整和优化自己的知识结构，积极更新教学观念、转变教学思路，并能够对学生的活动进行创造性的指导，这些必定会不断地推动教师的专业成长。

（三）有利于促进学生的全面发展

课程资源的开发对小学生全面发展的意义主要体现在以下几个方面。

第一，小学综合实践活动课程资源的开发为学生提供了获取知识的多种渠道，丰富了学生的知识架构，有效地缓解了学生所学知识与实际生活脱节的矛盾，帮助学生学会发现、学会思考，使其解决问题的能力、创新精神和实践能力得到提升。

第二，学生在参与资源开发的过程中，不仅要根据一定的计划和要求进行资源调查，还要对资源进行评估、甄别、选择。这个过程不仅激发了学生参与课程建设的兴趣，密切了学生与生活、社会的联系，还增长了学生的知识，有利于其实际操作能力、交流和表达能力的提高。

第三，不同环境、不同地域的学生特点各不相同，课程资源的开发可以满足学生发展的地域性、民族性、本土性和差异性，有效促进学生发展。

第三节　小学综合实践活动课程资源开发的方法

一、开发校内资源

（一）开发校内教师的潜能与特长

教师既是教学的执行者，是课程资源鉴别、开发、积累和利用的主体，也是课程资源的载体。教师的知识与技能、经验与智慧、态度与情感、世界观与价值观本身就是宝贵的课程资源，在综合实践活动中发挥着重要的价值与作用。开发校内资源，首先就要在对师资调查评估的基础上充分开发和利用教师资源，深化每一位教师对综合实践活动的认识，融合教师的特长，发掘教师的潜力，培育一支优秀的课程教学团队。

扫一扫

“课程资源开发”教师座谈会

阅读资料

我们怎么做教师

《发现老师：揭开学校发展的密码》《小学教师队伍性别失衡的校内破解之道》《“绘本作文”：一位教师个人理想的实现之路》《走得越远，离教育越近》《我看见了孩子，更看见了自己》……近日，由教育部主办的综合性教育权威刊物《人民教育》以“发现教师”为主题，专题报道了南京市北京东路小学的一批优秀教师。

创立于 1947 年的南京市北京东路小学一直以来都走在教育改革的前沿阵地，颇受瞩目。在北小，有一批才华横溢的教师，他们开发了许多新鲜又有趣的课程。孙双金校长告诉记者：“我们鼓励每位教师在融合国家课程和校本课程的基础上，创设自己的教师课程。教师课程就是教师个人根据学生素质发展要求，依据个人的文化底蕴、兴趣特长而开发的富有鲜明自我特色的课程。”这一举措极大地发挥了教师的创造性。特级教师陈静的“享受数学”课享誉省内外；特级教师唐隽菁的“开放德育”讲座遍及大江南北；特级教师唐文国老师的“和谐语文”课赫赫有名；特级教师朱萍的“生活作文”课大名鼎鼎；特级教师张齐华的“文化数学”课更是红遍全国，粉丝无数；特级教师林春曹的“言意兼得语文”课名声遐迩；孙双金校长的“情智语文”课在小学语文界独树一帜。

除了这些名师课程之外，北小的语文团队和“12 岁以前的语文”品牌共同成长，每年都会接待络绎不绝的参观学习者，并多次被评为南京市优秀教研组；数学团队在张齐华副校长带领下，对数学文化的研究影响广大，在省内外卓尔不凡；英语团队在林丽老师的带领下，一路高歌，频频亮相。美术团队的水墨画特色课程成为南京市水墨画盟主学校；音乐团队在儿童合唱比赛中屡获大奖；体育团队带领学生在花样跳绳、足球、武术操、啦啦操等项目中也频频获奖，啦啦操项目更是多次获得全国冠军。此外，学校“情智教育”的办学主张经过十多年的探索，形成了情智管理、情智课程、情智教学、情智校园、情智活动、情智队伍的体系，多次在全国和全省教学成果大赛中获得特等奖和一、二等奖的好成绩。

一所小学为什么能够产生这么多优秀的教师？校长孙双金告诉记者，只有善于发现教师，才能揭开学校发展的密码，一双双善于发现的眼睛是学校教学质量根本提升的“宝典”。孙双金认为，“教师永远是第一位的，学校发展最根本的就是教师发展，唯有教师发展了，成长了，学生才能得到真正的成长。”教育就是一朵云推动另一朵云，一棵树唤醒另一棵树。教师与学生是如此，校长与教师、教师与教师也是如此。

学校不仅要相信教师，还要努力解放教师、引领教师。北小每三至五年，都要求教师撰写个人“地平线报告”。报告的一项重要内容就是规划人生愿景，“我的一年地平线在哪里？”“五年地平线在哪里？”“十年地平线在哪里？”在报告中，还需要教师说出自己的内在潜力是什么，希望学校提供什么样的平台等。学校领导在阅读教师报告后，综合分析、因人设岗，充分调动每一位教师的潜能。

北小还通过举办“北小大讲坛”“教师品牌日”，打造“教师课程”“没有天花板的教室”等，唤醒、激发、放大每一位教师的潜能。在北小，职业的幸福存在于每一天创造性的工作中。学校鼓励教师“我的课堂我做主”，心有多大，课堂就有多大，通过“名师模仿秀”“团队展示周”等活动不断给教师锻炼机会，最终成就教师。

（资料来源：https://m.hexun.com/hz/qtt/2016-09-09/185954063.html）

（二）开发学生身边的课程资源

第一，综合实践活动是生活化的课程，课程资源的开发可以从小学生的学习和生活中进行挖掘。例如，教室是小学生学习的地方，美化教室可以作为一个活动主题。在活动中，学生们尽情发挥创意，利用身边的材料加工、制作装饰物，进行简单的环境设计。同时，在美化教室的活动过程中，学生通过不断地发现问题、解决问题，其综合素质也得到了提高。

第二，学生既是课程资源的消费者，又是一种课程资源，还是课程资源的开发者和利用者。教师可以从小学生的兴趣、特长、爱好、需求及参与的各种活动、游戏中挖掘课程资源；也可以在学生学习的过程中，通过及时关注和引导学生思考、发现并解决问题，从中发掘有可能成为综合实践活动课程资源的内容。例如，在数学课上，学生观察到教师用圆规在黑板上画圆时，很难将圆规固定住，于是产生了想要改进圆规的想法。指导教师及时抓住时机，和学生们一起围绕“教具与学具的改良”，设计和实施了主题综合实践活动，既丰富了课程资源的内容，又发挥了学生的积极性和创造性，解决了实际问题。

阅读资料

盘点郑州各重点小学的特色课程

文化路第一小学：乐享课程促学生全面发展

“乐享课程”是郑州市文化路第一小学实施的校本课程，不仅让学生收获成长，让教师增进知识，让学校获得赞誉，而且还产生了广泛的社会影响。

随着课程改革的深入推进，“课程”逐渐成为教育变革的核心要素。郑州市金水区文化路第一小学本着“乐享教育”的追求，秉承“让生命幸福成长”的办学理念，紧紧围绕“阳光、精彩、幸福的立体文化人”的培养目标，进行课程建设的体系化探索，已初步构筑起“乐享课程”体系。

经过不断地发展和完善，目前，“乐享课程”在学校核心文化统领下已完成与办学理念、育人目的深度契合，实现每周五下午一、二年级学生留班，三至六年级学生全员参与选课走班的校本课程实施模式，使学生们度过一下午“不背书包”的美好时光。

文化路第二小学：戏曲进课堂，文化在传承

文化路第二小学是郑州推行“戏曲进校园”的先行者，因其毗邻几个省级豫剧团，所以该校从20年前就将戏曲纳入了校本课程，开设了“梨园课”。

“梨园课”是文化路第二小学的特色课，课程内容从京剧、豫剧，到黄梅戏都有涉及。该课程从五年级开始设置，从戏曲知识、历史发展讲起，以唱为主；六年级则以欣赏为主，了解剧种和戏剧内容、分析唱腔，让学生从会唱戏到能看懂戏，带动了学生学习戏曲的积极性。

同时，为了普及戏曲，该校还成立了“戏曲雅韵”社团，并由戏曲名家王善朴亲自题词。社团面向全校招收戏曲启蒙班的学生，定期训练。“戏曲进课堂”已成为文化路第二小学的常态活动，每一位毕业的学生都会哼唱一两段戏曲唱段。

艾瑞德国际学校：田园课程，体验农耕生活

艾瑞德国际学校的教育农场是河南省第一家专门为学生自然生长教育而开办的农业科普实验基地。该校的“田园课程”通过让学生参观、种植和研究农作物，感受真实的生产环境，体验现代科学为农业带来的便利。此外，学校的教育农场还支持所有的学生家庭认领一块家庭庄园，在工作、学习之余，全家亲手播种、管理、采摘，从而见证生长，收获亲情。

为了更好地发挥教育农场的作用，学校还专门设立了神奇观察窗、开心试验田和动物观察基地。

神奇观察窗设置于每个班级，学生可以种植盆栽植物或饲养观赏鱼，分析和观察其生长规律。

开心试验田是种植基地，由学生们亲自动手种植，并对农作物进行对比试验等研究。

动物观察基地设置于农场，学生们可以近距离地观察鸡、鸭、鱼、兔子、山羊、鸵鸟、孔雀、藏獒等家畜和动物，开展丰富多样的拓展探究活动。

农科路小学：校园足球，展望足球梦

农科路小学是一所足球传统项目学校，早在建校伊始就成立了足球队。2010 年，农科路小学建立了青少年足球训练基地，并聘请了专业人员指导。自建队以来，该校足球队已经获得了区、市、省乃至全国各级比赛的诸多荣誉。

2014 年，学校根据学生实际特点，在原有足球教材的基础上重新编写了足球校本教材，以期向学生传授足球基本知识的同时，引导学生体验足球文化的内涵，促进学生综合素质的全面发展。学校根据全新的足球课程规划和校本教材，将全校学生分为三个水平段，并分年级进行了有针对性、循序渐进的教学和训练。

在学校的科学安排下，各个班级每周都有一节足球课和足球校本课程，三年级以上所有班级都成立有班级球队。每天上、下午的两个大课间，全体学生还会一起做自编的足球操。为了丰富足球活动，提高学生足球水平，学校每周还会举行一次足球技巧挑战赛。

每个学期的校园足球联赛是学生们最喜欢的活动。每次比赛前，学生们都会自己为本班球队设计队标、队徽、加油口号等；赛后，班主任会带领学生进行“寻找我身边的足球精神”主题队会，总结经验，引导学生及时梳理思想，找到身边的“足球精神”。

（资料来源：https://www.sohu.com/a/200393529_348775）

二、开发校外资源

校外资源存在的形式广泛，为综合实践活动课的开展提供了充分的条件。如果能够联系学校特色和地方特色来着手开发校外资源，那么小学综合实践活动的开展会更具特色，更有意义。

（一）充分利用好社区资源

扫一扫

校园腰鼓文化
乐了农家娃

社区资源主要包括本地的文化设施、名胜古迹、民风民俗和社区开展的社会文化活动等。文化设施、名胜古迹等既是综合实践活动的场所，也是活动开展的平台，其中蕴含的人文因素和科学因素是学生的精神营养品，有很高的利用价值。民风民俗具有浓郁的生活气息，对学生起着“润物细无声”的作用。社区开展的各种活动，如宣传活动、义务劳动、慰问活动、庆祝活动等，能帮助学生获取更多的生活知识，有利于学生加速融入社会文化。

小学综合实践活动课程要充分挖掘社会资源的教育价值，使其为课程服务。在开发社区资源时，要注意以是否满足学生实际活动的需要，是否与本校教师的实际应用能力相符，是否具有一定程度的典型性、代表性为标准。

阅读资料

巧用社区资源有效开展综合实践活动

我校所处的地区经济发达，人口众多，有一流的活动场馆、敬老院、大型商场、外来人口之家、公园等基础设施，还毗邻工业园区，非常适合学生开展各种综合实践活动。为什么不从孩子身边的生活入手，让他们自己去了解、调查、解决自己身边的事情呢？或许还能丰富综合实践课程资源。这个提议得到了学生的积极响应，也引起了学校的重视。

学校马上成立了综合实践活动课程资源开发领导小组，校长任组长，所有教师都是小组成员，还聘请了社区业委会成员担任资源开发指导顾问，积极参与课程资源的开发工作。经过多次讨论，小组设计了一套完整的社区资源开发利用方案，即采取“教师根据学生年龄特点选择”和“学生兴趣挑选”相结合的办法，在不同年级确定相应的社区资源，每个课题都配备一名相关学科的指导教师，与班主任一起指导学生进行综合实践探究活动。

我们结合学生的年龄层次，从学生的兴趣、需要和爱好出发，确定了“我爱社区”（包括我爱我家、熟悉社区环境、画一张社区环境图、美丽社区我的家、社区附近有什么、爱护社区花草、我是文明小业主等），“走进社区”（包括调查社区里有哪些机构、参加社区的节日活动、一日清洁工、一日管理员、一日小交警、我给社区提意见、我为社区献爱心等），“服务社区”（包括敬老院活动、社区公益性活动、社区实际问题调查和考察、竞选社区职位、访问社区名人等）三大主题，并制定了社区资源开发的基本模式。

（一）我爱社区：美丽社区我的家

一听说要去××社区寻找社区的美丽，这可乐坏了三年级的孩子们，虽然大部分孩子就生活在这个社区，可是热情还是那样的高涨。在老师的带领下，他们带着笔记本、画笔、数码相机，开始了“美丽的社区我的家”社区一日行活动。孩子们先在社区辅导员的带领下参观了社区，了解了社区概况，感受社区生活，随后又来到社区活动室。一到活动室，孩子们立刻被台球、棋类、手工制作等益智游戏所吸引，争相去选择自己喜欢的项目。到了自由活动时间，孩子们三个一组，五个一群地跑去寻找社区的美丽，他们用相机拍下了一个个精彩的瞬间，用画笔画下了一张张美丽的图画。回到学校，孩子们迫不及待地拿出照片、图画等，汇报、展示自己的成果。看着一张张美丽的照片和图画，孩子们踊跃发言，有的说“社区的楼房很漂亮”，有的说“社区里有漂亮的树木、草坪，还有宽敞的道路，很整洁很美丽”，有的说“社区有健身中心、活动室、保健站，非常方便”……

开发社区资源，带领学生参观自己生活的环境，实际上是指导学生联系自己的生活环境，从身边小事入手，通过拍照、采访、画画等方式，培养学生多渠道收集信息的能力；通过汇报、展示，培养学生运用语言、图画、照片等进行表达的能力；通过小组合作调查、访问等活动，锻炼学生胆识，提高学生的团结协作、动手实践等综合能力。孩子们通过社区行活动重新认识了社区，开始关心社区的大事小事，从而更加热爱自己的居住环境，培养了他们的主人翁意识。这样的课程资源开发得到位、利用得全面，学生学得主动、快乐。

（二）走进社区：热热闹闹迎元宵

上学期末，我们给五年级的学生布置了一项寒假实践活动“热热闹闹迎元宵”。孩子们接到任务后非常高兴。元宵节是中华民族的传统节日，社区每年都会举办庆祝活动。临近元宵节，同学们忙得不亦乐乎。他们自己分成了好多组，A组做花灯；B组协助社区委员会搜集资料，设计元宵节活动方案；C组协助社区布置会场，准备灯谜等；D组向父母学做元宵；E组排练元宵晚会节目。回校后，孩子们有的上交了元宵节综合小报，有的写了活动感受，有的录制了元宵节的活动过程。成果展示那天，看到一张张设计精美的手抄报，一篇篇充满个性的体会文章，还有学校大屏幕上回放的欢乐、祥和、热闹的元宵节活动镜头，同学们都非常有成就感。

将学生所生活的社区节日活动作为课程资源开发利用，让学生了解和尊重民间风俗和传统节日，引发民族自豪感，培养了学生较强的服务意识和责任心，使学生乐于参加力所能及的劳动，体验劳动的可贵与创造的喜悦。在活动中，学生自主地参与各项活动，参与设计和准备工作，能够使他们愉悦、主动地获取知识，激发出高度的活动热情。这样的活动真正使学生在自我操作和自主体验中获取了直接经验和综合能力，收到了更为有效的学习效果。

（三）服务社区：对区域制鞋业的发展情况进行调查

制鞋业是学校所在地区的主要支柱产业，前几年比较发达，但是近年来发展情况不是很乐观。针对这个问题，学校组织了六年级学生进行了调查实践。老师指导学生们进行了分组调查，A组负责调查鞋厂的生产形势和鞋子质量；B组负责调查鞋厂近几年的经济走势和原因；C组负责调查鞋厂规模，鞋子的档次、品种及销售情况；D组根据各组的调查资料，综合分析；E组查阅资料，寻找对策。最后，各小组综合资料，进行分析，得出鞋业发展下降的原因：① 本地大都做低档次鞋子，利润低；② 近年来人工成本增加，影响了经济收益；③ 有些厂家为了提高效益，偷工减料，导致信誉度降低，销量下滑。针对这些原因，学生们向鞋厂提出了以质量取胜、在品牌上下功夫、转产中高档鞋子等建议。起初，有些家长担心活动会影响孩子的学习。但几个月过后，家长心中的石头落地了。这次活动不但开阔了孩子们的眼界，提高了他们的动手能力、协作能力、与人交往能力，还使他们懂得了如何学习，学习主动性也增强了。更让家长惊喜的是，学生们在采访中目睹了工人的辛苦，明白了劳动的价值和父母挣钱的不容易，更懂得体恤家长了。

开发“服务社区”为主题的社区课程资源，主要是让学生参与社会实践，接触社会现实，初步掌握参与社会实践与调查的方法、信息资料搜集的方法、分析与处理的方法和研究探索、实践验证的方法，获得亲身参与社会实践活动的积极体验和丰富的经验，初步养成学生合作、分享、积极、进取等良好的个性品质，增强学生的公民意识和社会责任感，提高学生发现问题、解决问题的能力。这样的活动虽然有一定难度，但是更让学生充满斗志，使其能加倍体会成功的快乐。

（资料来源：https://www.docin.com/p-1378187823.html）

（二）依托区域资源，建设活动基地

基地建设是小学综合实践活动课程实施的综合条件，也是课程实践的重要平台。《中小学综合实践活动课程指导纲要》要求本课程密切学生与自然、社会的联系。所以，各个学校要积极开发和利用社会中的自然与人文资源，力争在学校原有的德育基地，如地方博物馆、企业、农场等基础上深入再发掘，建立自己的活动基地，让综合实践活动不再仅限于参观，而是逐步走向更深层次的体验、探究与实践。

小学综合实践活动课程基地建设要做到结合实际、因地制宜，建设形式和发展模式灵活多样；紧密联系课程要求建设和发展基地；以学生为主体，构建基地活动内容；活动项目要丰富多彩、生动有趣，同时兼顾学生个体发展需要。

阅读资料

农娃乐，乐在农家

我们的学生都是“农村娃”，生活在农村这一片广阔天地中，与山水相依，与花鸟为伴，与虫鱼相嬉，我们的快乐是天然而又热烈、淳朴而又诚挚的。但我们不但缺少发现这种美和快乐的眼睛，更缺乏一种寻觅、一种审视。因此，依托学校周围浓郁的农家文化资源，我们学校将农家文化元素引入校园，进行凝练、定格、升华，筹建了“农家故院”和“农娃乐园”。

农家故院：精心设计，确保原汁原味

学校请来了本地区对农家文化颇有研究的一些老人做顾问，对苏北农村的农家文化

进行了全方位的了解。然后，结合学校的实际情况，研制了农家故院的建设规划和具体方案，最后把方案中设计的农家故院各项配套设施进行分类、整理，形成了包含上千件的农家故院物品收集目录。学校发动所有师生从自己身边或生活中搜集农家物品，捐给学校，并将搜集来的这些物品一一分类、命名。现在，学校搜集到的农家耕作、加工、生活、娱乐等用具，一应俱全。

我们对农家故院进行了精心设计。进入农家故院，首先映入眼帘的是一处特殊的景致“百福路”，这是用全体师生搜集来的一百多盘石磨铺成的。石磨路上篆刻了一百种不同写法的“福”字及“大吉大利”等突出农家祈福风俗的词语。沿着百福路走，首先看到的是露天的农家小院，里面有油碾、石碾、牛槽、马槽等大型设施，院内还种植了丝瓜、蜜豆、豆角等蔬菜。过了农家小院，可以看到铁匠铺和木匠铺，里面放置了铁匠和木匠的全套工具和设施。过了铁匠铺和木匠铺，就是堂屋和内室、农具室、储藏室、日常生活用品室、农艺室，里面收有各种农家工具和日常生活用品等。最后是油坊、豆腐房、磨房、厨房、煎饼房、编织房、碓房，里面不仅有全套可实际使用的生产和制作设施，还有制作生产的流程图。

农娃乐园：巧布乐园，构建农家文化

农娃乐园里面所呈现的都是学生喜欢玩的传统游戏。进入农娃乐园，首先看到的就是一座高约 2 米的大风车，风车周围分别设置了滑冰船、滚铁环、节节高、踢毽子、跳格子、棋类等游戏区域，这些游戏不仅有趣、便捷，还能健体、益智。

在农娃乐园的西北角还建有一座小山和一个池塘，构建了一个“山清水秀”的植物园，孩子们可以亲手种植，把学到的科技知识运用到实践当中去，提高动手操作的能力。

学校每年还会举行校园文化节，在文化节中，“农娃乐”系列比赛特别受学生们的欢迎，包括“农娃棋赛”“农娃制作大赛”“用农具、干农活、忆农苦”等。这些比赛，不仅让孩子们在富有情趣的环境中获取知识、发展能力，也让他们积累了一定的人生经验。

倾力合作，编写校本《农家》

学校依托农家故院和农娃乐园的丰富资源，组织了一批骨干教师利用寒暑假时间，进行了校本课程开发，编写了具有地方特色的校本案例《农家》。《农家》按“农耕发展史”“农耕用具”“农家生活”“农家文化”四个模块进行设计。“农耕发展史”以认识和了解农家发展为主要目标，引导学生从自己身边发现农家文化，初步感受农家文化的博大精深。“农耕用具”以认识农具为主要目标，引导学生在使用农具进行农耕劳动的过程中，养成热爱劳动、勤劳朴素的生活习惯。“农家生活”以了解农家生活为主要目标，从衣、食、住、行、乐五个方面，让学生感受农家生活的演变，体会农家生活的丰富多彩。“农家文化”以了解农家传统文化为主要目标，从农家历法、农家节日、农家谚语、农家诗文及农家特色文化五个方面，让学生了解农家文化，领悟农家坚韧、创新的人文精神。整个校本课程案例编写历时一年，期间每一位老师都把校本课程的开发当作了一次对传统文化学习和提高的过程。他们有的向老农请教农家的传统习俗；有的来到田间地头，亲身体验农家的生活；有的积极上网，查阅各种文献资料。大家群策群力、分工合作，有效地推进了校本课程的建设和开发。

（资料来源：http://www.docin.com/p-1121689311.html）

三、开发网络资源

信息技术飞速发展，为综合实践活动课程的开发提供了更方便、更快捷和更丰富的信息来源。而检索技术、网络数据库、网络图书馆等网络环境下的新型信息资源的开发或服务工具的产生与发展，进一步缩短了信息资源与用户之间的距离，极大地方便了学校获取和使用信息资源。

学校可以运用校园网建立管理平台，发挥网络作为师生信息传输和探究工具的作用，使校园网站成为交流的枢纽，展示特长的园地。学生可以通过网站提问题、辩问题，也可以把自己在社会实践中的成果、心得写在网页上，与大家共享，还可以在校园网上开展协助学习等活动。

此外，如今的电视、电影、网络媒体对学生的生活也产生了前所未有的影响。电视和互联网是丰富多彩、日新月异的知识源泉，是学生取之不尽的素材库。因此，如果我们能合理地运用这些资源，可以帮助学生拓宽知识面，同时积累更多的课程资源进行综合实践活动。

思考与练习

1．简述课程资源的含义和特点。

2．小学综合实践活动课程资源的开发需要遵循哪些原则？

3．小学综合实践活动课程资源开发的基本要求是什么？

4．有人认为“条件较差的农村地区没有课程资源”，这种说法对吗？为什么？

5．选择一个课题，联系实际开发相关的课程资源，设计一个综合实践活动，并写出活动方案。

第五章

小学综合实践活动课程的设计

内容提要

小学综合实践活动课程旨在增强学生的探究和创新意识、锻炼解决问题的能力、培养社会责任感等。小学综合实践活动课程设计得好坏直接关系着小学综合实践活动的实施过程是否顺利、设定的目标能否实现，因此应备加重视。本章主要介绍了小学综合实践活动课程设计的基本要求、原则、设计方法、准备工作、一般过程及方案撰写等。

学习目标

- 了解小学综合实践活动课程设计的基本原则。
- 了解小学综合实践活动课程设计的基本要求。
- 掌握小学综合实践活动课程设计的方法。
- 熟悉小学综合实践活动课程设计的一般过程。

素质目标

- 培养发散思维，学会采用有效方式科学地整合多学科教学方法。
- 自觉培养创新精神、工匠精神。

第一节　小学综合实践活动课程设计的基本原则

综合实践活动课程设计要遵循一定的原则，主要包括主体性原则、实践性原则、整合性原则、生成性原则和创新性原则。

一、主体性原则

综合实践活动课程把学习建立在人的主体性、能动性和独立性之上，构建了新型的师生关系，学生在整个活动过程中始终处于主体地位。所以，综合实践活动课程的设计首先要遵循并体现学生主体性原则。主体性原则可以理解为综合实践活动课程的设计始终都要以学生为本，彰显学生的能动性、坚持学生的自主性、培养学生的创造性。

（一）学生要有选择权

综合实践活动课程的设计要给予学生充分的自由选择的权利，让学生从熟知的生活和社会实际中，根据自己的兴趣、爱好与经验，发现自己感兴趣的主题，选择要探究和实践的内容，自由结成活动小组。不仅如此，学生还可以自己安排活动的进度与方式，自己对自己的学习过程或结果进行评价与反思。

（二）学生要有自主性

综合实践活动课程的设计要以活动为载体，让学生自主地参与到活动中去，独立地完成活动任务，培养学生的自主学习能力。

1. 给予学生熟悉、自由的情境

相关研究表明，行动者对于情景越熟悉，越感到可以有所作为，自主性程度越高；行动者所受到的情景约束力小，自主性程度也越高。所以，综合实践活动课程的设计要把学生带入到他们熟悉和感兴趣的、生活气息浓郁的活动情境中去，为他们营造民主、和谐、平等的活动氛围。这样，学生能从实践活动中获得积极的情感体验，有助于发掘自身的创造力。

2. 教师与学生建立伙伴关系

教师应该转变角色定位，做学生的合作伙伴，一方面减少对学生行动和思维的限制，给其自由表现的机会；另一方面，疏导、化解活动中遇到的各类制约因素，调动学生个体的学习积极性，为学生的活动实践提供思想指引和方式指导。

二、实践性原则

实践性原则是指综合实践活动课程的设计要突出实践性，要有开放的实践空间、创新的实践形式。

（一）开放的实践空间

综合实践活动课程的设计应该面向学生的全部生活领域，关注学生的兴趣爱好和情感需要，为学生提供开放的实践空间，充分利用课内外、校内外课程资源，组织内容广泛、形式多样的实践活动。

（二）创新的实践形式

综合实践活动课程的形式很丰富，常见的有旅游考察、参观访问、调查研究、网上查找资料、写研究报告、文艺表演等，这些活动形式具有一定的实践性，但也有一定的局限，比如可能存在大部分靠教师组织安排、过于注重实践结果等情况。在设计综合实践活动课程时，我们不应让活动只停留在单一地看一看、查一查、写一写、唱一唱或跳一跳上，而要精心设计、不断创新，体现“知与行”“动手与动脑”的结合与统一，让学生全情投入，去探索、去创造。具体来说，可以采用、操作、服务、劳动实践和技术实践等形式，调动学生的积极性，引领学生摆脱以知识传授为主要方式、以知识获得为主要目的的学习方式，使学生养成自主探究的学习习惯。

三、整合性原则

整合性是综合实践活动课程区别于学科教学的一个基本特性，综合实践活动课程的设计也要遵循整合性原则。综合实践活动课程的整合包括各领域间的整合和各学科间的整合。

（一）各领域间的整合

综合实践活动课程有四大指定领域，分别是研究性学习、社区服务与社会实践、劳动与技术教育、信息技术教育。尽管四大领域各有侧重点和独特的价值，但作为综合实践活动课程的有机组成部分，它们有着共同的价值追求。因此，在实施综合实践活动课程的过程中可以对各领域的内容进行整合。

第一，把握四大指定领域共同的价值追求并以此为切入点，进行内容整合。四大指定领域都以发展学生的实践能力、探究能力、社会责任感，丰富学生对自然、对社会、对自我的现实体验和经验为终极目的，而不是以掌握某项技能和某些知识为终极目的。进行各领域间的整合的时候，可以以其共同的价值目标为切入点。例如，为了增加学生的社会实践能力和劳动经验，让学生到蔬菜、水果基地亲身体验种植过程，告诉学生在种植的过程中需要注意哪些因素，这就是社区服务与社会实践领域和劳动与技术教育领域的整合。

第二，把握各指定领域之间的内在联系，注意各领域内容之间的相互渗透和延伸。以学生开展关于环境污染问题（如垃圾问题、水污染问题、噪声污染等）的研究性学习为例，学生了解环境污染的现状和原因后，得出了环境污染的治理方案或建议，教师可以根据实际情况，引导学生开展以环保为主题的社会宣传活动，还可以鼓励学生做一些力所能及的美化生活环境义务劳动。这就较好地把研究性学习领域、社区服务与社会实践领域、劳动与技术教育领域结合了起来。

综合实践活动课程各领域间整合的方式包括全领域整合、任意两个指定领域结合，以及以单一领域为主、兼顾其他领域等。需要指出的是，整合多领域的综合实践活动课程设计难度较大，对学生要求较高，通常需要借助教师的力量，对活动方式和过程进行合理有序的设计。

（二）与其他学科进行整合

综合实践活动课程可以与其他学科进行整合，可以采取多种活动方式，将各学科的知识、技能、思维方式进行重组，拓展和延伸。在设计综合实践活动课程时，常采用两种方式与其他学科进行整合，第一种是在综合实践活动课程中融入学科领域的知识，并在实践过程中进行知识的挖掘、延伸、综合与重组；第二种是将综合实践活动课程中所发现的问题、获得的知识技能引入各学科领域的教学中，并在教学中对问题进行探究，对知识和技能进行巩固和加深。

阅读资料

中秋佳节——人圆月圆

智美小学四年级一班的学生们在学习了语文课程中关于中秋节的课文之后，围绕中秋节提出了几个问题：中秋节的起源是什么？中秋节为何被赋予团圆的意义？中秋节为何要吃月饼，还要举办赏月、猜谜和赏桂花的活动？月饼是如何制作的？围绕这些问题，教师指导学生设计了“人圆月圆”综合实践活动。活动中学生们先上网查资料，了解中秋节的相关知识，然后举行“佳节读月——主题阅读”活动，搜集、诵读有关中秋的经典诗词，感悟阖家团圆、美满和谐的幸福，最后组织学生到月饼工坊观摩、学习月饼的制作过程，亲手制作月饼。这样的综合实践活动课程设计以语文学科为基础，以问题为线索，逐渐将信息技术、美术、劳动等学科融合了进来。

四、生成性原则

综合实践活动课程具有生成性，这是由综合实践活动的过程取向所决定的。每一所学校、每一个班级都有对综合实践活动课程的整体规划，每一个活动开始前都对活动进行周密计划，这是综合实践活动课程具有计划性的一面。但是，随着活动的不断展开，学生在实践过程中兴趣盎然，认识和体验不断加深，创造性的火花不断迸发，这是综合实践活动课程生成性的集中体现。对综合实践活动课程的整体规划和周密设计不是限制其生成性，而是为了使其生成性发挥得更有方向感、更富成效。

（一）注重整体规划、宏观把握与思路预设

综合实践活动课程的设计注重整体规划、宏观把握与思路预设，目的是形成一个框架，引领学生探究的方向，防止学生游离于活动之外。而对于活动中学生的具体行为和表现，综合实践活动课程不能预设，也不应该预设。以教学目标设计为例，它不明确规定学生在学习完成后应该达到的统一的结果或行为，只是指明学生要面临的情境、要处理的问题及要开展的活动，强调学生在活动中个性化的表现和个人体验的获得。

（二）预留活动生成空间，方便活动的调整

综合实践活动课程设计重视生成性，强调让学生在“生活世界”中自主地“奔跑”，因此，综合实践活动课程的设计应预留活动生成空间，做好随机应变的准备，为新情况、新问题留有余地。在活动过程中，师生可以随着问题的深入、体验的加深和情境的变化对活动做出及时的，适应性的修改。这样，综合实践活动课程的规划和设计才不会限制其生成性，而是使生成性发挥得更具有方向性和成效性。

五、创新性原则

综合实践活动课程设计要秉承创新意识和遵循创新性原则，在内容选择、活动安排、成果展示、活动评价上力求创新，让学生在独具匠心的设计和别出心裁的活动中探索，培养创新思维。综合实践活动课程的创新性可以从以下方面入手。

（一）主题新颖，内容突出地方特色

综合实践活动课程的主题一般来源于大自然、社会生活、学校生活、家庭生活、个人生活和可能的未来生活，不管从哪个领域挖掘主题，都要能吸引学生的兴趣、具有新颖性。在《中小学综合实践活动课程指导纲要》中虽然对课程指定了四大领域，但是鼓励学校按照主体性原则，从地方资源和非指定领域中开发活动内容。同学们和老师可以选择与利用有地方特色、学校特色的内容来设计综合实践活动课程，这样既贴近学生生活，又新颖、

有趣，也是一种创新。

（二）独辟蹊径，活动形式新鲜有趣

综合实践活动课程的开放性很强，可以随时融入新的知识、信息、活动方式等。在设计综合实践活动课程时，师生可以通过富有时代气息的形式和利用现代信息技术安排活动，例如，发起摄影比赛让同学们发现身边的美，又如，利用视频、音频等多种形式来进行实践成果展示，这种与时俱进、新鲜有趣的活动形式，必然能激发学生的参与热情。

【活动实例 5-1】

用秸秆制作工艺品

一、活动背景

秸秆是农村常见的一种废弃物，但现今运用科学方法对秸秆进行适当的加工和处理后，它可以变废为宝，转化为饲料、燃料、肥料和工业原料等，展现出多方面的实用价值。其实秸秆还有一种特殊的用途，那就是可以将它编成精美的生活用品和工艺品（见图 5-1）。秸秆草编是一种在农村曾非常流行的老手艺，心灵手巧的农民将秸秆编成各种各样的生活用品和装饰品，用来补贴家用。后来随着人们生活水平的提高，秸秆草编渐渐退出了历史舞台，现在鲜少有人会了。

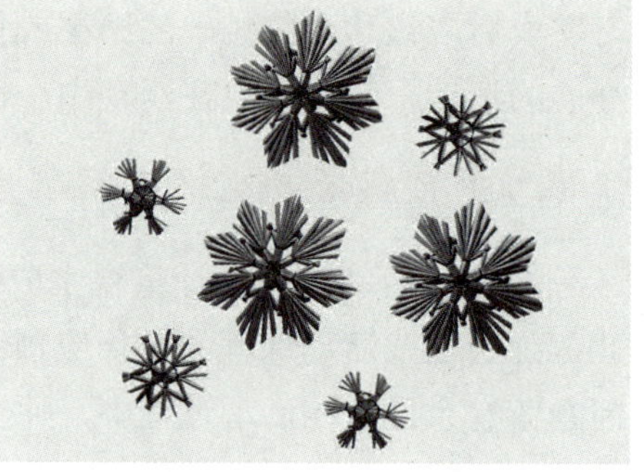

图 5-1　秸秆草编工艺品

为了传承和发扬这种民间手艺，我们决定以“巧用秸秆，点缀生活”为主题来开展一次综合实践活动。

二、活动目标

（1）实地采访、调查，了解秸秆草编的制作工艺、分类及特点。

（2）体验秸秆草编，掌握简单的编织技术。

（3）体验学习的快乐，培养对民间手艺的热爱。

三、活动过程

1. 准备阶段

（1）组建三个活动小组：信息组、活动组、摄影组。

（2）明确各组职责：信息组负责搜集秸秆草编的相关知识；活动组负责邀请民间手艺人为大家展示秸秆草编手艺，并组织工艺品展出活动；摄影组负责拍照、拍视频，记录活动实施过程。

2. 实施阶段

（1）同学们到农田中实地观察，了解什么是秸秆，秸秆有哪些用途，哪些农作物的秸秆可以进行草编。

（2）信息组同学搜集秸秆草编的相关资料，了解秸秆是如何编成生活用品、工艺品和旅游纪念品的，以及秸秆工艺品的保存方法，并向大家介绍这些知识。

（3）活动组邀请民间手艺人，为大家现场展示秸秆草编手艺，同学们跟着手艺人师傅学习简单的秸秆草编技术，活动组将手艺人师傅的作品和同学们的作品收集起来，在社区和校园里开展秸秆草编工艺品展出活动，让更多人了解秸秆草编。

（4）摄影组学生负责拍照、拍视频，记录实践活动过程中的精彩瞬间，记录民间手艺人的精彩展示。

四、活动总结

1. 各小组成员对本组活动资料进行总结、汇总，并向全班同学展示。

2. 同学们在老师的指导下进行总结和反思，总结成功的经验，分析不足之处。

（资料来源：https://wenku.baidu.com/view/d3af673031126edb6f1a10ac.html）

（三）注重探究，培养学生的创新型人格

国内外关于创造性人才的研究表明，创造力的发展受人格因素的影响，富有创造力的学生一般都具有旺盛的求知欲、强烈的好奇心、浓厚的学习兴趣、丰富的想象力、坚强的意志力、高成就动机和良好的习惯。因此，设计综合实践活动课程时，除了发展学生的创新能力，还要更多地关注学生创新型人格的形成，比如健康的情感、坚强的意志、积极的个性意识倾向、刚毅的性格特点及良好的习惯等。

综合实践活动过程中有很多环节可以培养学生的创新型人格因素，比如，选择活动主题时，可以有意识地培养学生的兴趣，激发学生探究的动机，让学生在活动过程中体验探究的乐趣。又如，在活动具体开展的过程中，引导学生树立信心、坚定信念、专注地进行探究活动，克服活动中碰到的困难，努力达成活动的目标等。

第二节　小学综合实践活动课程设计的基本要求

综合实践活动课程旨在增强学生的探究和创新意识、锻炼解决问题的能力、培养社会责任感等。为了实现这些目标，综合实践活动课程的设计要求活动目标明确清晰、全面具体，活动过程突出学生亲力亲为，活动内容综合化、生活化，活动方法丰富多样、得当。

一、活动目标的基本要求

（一）明确清晰

小学综合实践活动课程不仅有课程总目标、四大领域要素目标，还有主题活动目标和单元活动目标。活动目标的设计过程就是目标不断具体化、明确化的过程。具体到某个主题的综合实践活动课程，要根据活动主题并结合学生特点，对照纲要中的目标，进行目标设计，确定它应该反映并能够反映的目标。综合实践活动课程的目标设计要求明确清晰、可操作、且便于评价。

（二）全面具体

与学科课程相比，综合实践活动课程的目标设计要求多维度，突出能力目标，强调参与过程与掌握活动方法，具体包括认知性目标、操作性目标和情感性目标。活动的目标设计一定要清晰、具体、明确，给活动以方向。

1．认知性目标

认知性目标包括识记、领会、应用、分析、综合及评价六大类，旨在让学生通过活动实践获得一定的知识和相应的技能，同时培养独立学习的能力。

2．操作性目标

操作性目标强调的是提高学生提出问题和解决问题的综合能力，主要体现在操作与问题解决能力、交往与社会活动能力等方面。操作与问题解决能力包括解决问题的能力、操作能力；交往与社会活动能力包括规划能力、协调能力、交往能力和管理能力等。

3．情感性目标

情感性目标重视丰富和发展学生的精神世界，具体包括培养学生的求知欲、责任感和合作意识等方面。

二、活动过程的基本要求

（一）突出参与性

综合实践活动课程是基础教育阶段面向全体学生开设的一门必修课，活动过程中要求以学生为主体，让学生充分参与。这里讲的参与包括全员参与、全程参与、全身心主动参与。

全员参与是指综合实践活动课程应面向全体学生，使每一位学生都有参与的机会；全程参与是指学生应参与综合实践活动课程的全部过程，在过程中感受、体验、探究和发展；全身心主动参与是指学生参与活动的积极性和主动性较高。而要做到这些，教师就要为学生创造积极参与、全程参与、全方位参与的条件，实现自主学习和合作学习相结合，还要向学生提出明确、具体的任务，要求每一位学生都要提交实践成果。

（二）体现探究性

综合实践活动课程的实施过程，既是学生寻找问题和解决问题的过程，也是教师指导学生进行探索的过程。小学生的实践探究应从自由、自主开始，逐渐走向自觉，但过程中需要教师采取以下措施来引领、示范和拓展。

（1）精心地营造、创设探究的环境，让学生身临其境、先感受后表达。

（2）为孩子们提供动手动脑的材料和机会，让他们亲身经历、主动思考、积极探索。

（3）积极评价、及时鼓励。教师应及时关注探究活动的每一个细节变化，关注探究过程中的新发现，对学生的探究进行恰当的评价和及时的鼓励。

（4）做好小组协调，促进小组合作与交流。

总之，教师应引领学生把探究过程做到位，这样才能切实培养实践能力。

（三）注重体验性

扫一扫

探究+体验：让课堂融入生活

体验是人类所特有的心理现象。体验具有很强的主动性、情感性和个别性。它主要强调学生在学习过程中对学习内容的感受与理解，以及内在省察与反思。综合实践活动课程要求学生积极参与到各项实践活动中去，在各项活动中应用知识、感悟人生、积累经验，认识事物之间的联系，促进自身发展。

要使学生能在实践活动过程中获得独特而深刻的体验，就要做好以下几点：① 实践活动过程的设计应以学生的生活经验和知识结构为基础，贴近学生生活，让学生亲力亲为；② 应采用多种活动方式，提供多种活动途径；③ 善于组织学生反思和分享体验。

【活动实例 5-2】

在体验中学习

张峰是一名三年级学生，有一天，他和爸爸到菜市场买鸡，目睹了鸡被宰杀的整个过程，他由此想到，鸡在这个过程中一定很痛苦，如果是鸡的同伴看到鸡被宰杀，会不会受到惊吓？会不会感到害怕？其他动物呢？基于张峰的疑问和困惑，班上确立了“关爱身边的动植物”探究课题。他们经过大量调查、探究之后，有了以下的认识：

（1）动物、植物和人一样都是有感觉的，它们受到惊吓、折磨后也会有疼痛，有恐惧感。

（2）人们应该尊重动物的感觉，应该善待这些小动物。

（3）人类的生存离不开动物、植物，人类应该规范自己的行为，给动物、植物留下适宜的生存空间。

（资料来源：李臣之.《综合实践活动课程开发》. 北京：人民教育出版社，2003）

三、活动内容的基本要求

（一）内容广泛

综合实践活动课程主要是为了让学生开阔视野，认识自然，认识社会，锻炼学生综合运用知识和解决问题的能力。因此，综合实践活动课程的内容要广泛，要最大限度地把综合实践活动课程指定领域的内容与非指定领域内容、与学科课程的内容等，以相互交融的形式呈现。只有运用多种学科知识指导实践活动，学生的各方面素养才能在实践中得以提高，真正做到学以致用，同时也增强综合实践活动课程的趣味性、实践性及开放性。

（二）切实可行

综合实践活动课程的内容一定切实可行。切实可行一方面指具备实施活动所需要的课程资源，具体来说包括实践基地、信息资料、实验设备、相关财力等，以及活动对象的知识基础、活动时间和精力等；另一方面，活动方案要切实可行，主要指方案完整合理，包括活动目标顺应学生的身心发展特点，活动内容体现学生的知识基础、生活经验和兴趣爱好，活动方式、方法丰富灵活等。教师在指导学生制订活动方案时，要密切关注学生所研究的内容能否符合上述条件。

实践证明，小学生多受年龄、知识、经验的限制，因此在实践活动的研究内容上，应选择小而精、易操作、可实践的主题，要把重点放在学生的探究兴趣和学习研究方法上，切忌贪大求全。

【活动实例 5-3】

宏图小学三年级四班的指导老师提出本学期的综合实践活动课程计划以低碳问题为研究内容，可选择不同角度进行探究。同学们对这个研究主题一筹莫展，不知道从何下手。班长张峰提出可将主题范围不断缩小，从“关于低碳问题的研究”到“身边的低碳行为”再到“节约用纸有妙招”。随着主题范围逐渐缩小，活动的指向越来越明确，也越来越适于操作。确实，如果只去研究低碳问题，活动有可能只停留在查阅资料的层面，难以深入进行。而“节约用纸有妙招”研究范围虽然很小，但可以在日常行为中进行深入调查，从而了解节约用纸的方法，可以很好地指导学生的具体行为。

四、活动形式的基本要求

为了使综合实践活动课程目标的多元化和内容的综合化相适应，综合实践活动课程的组织形式要求多样化，这样有利于促进具有不同特长、个性、能力、兴趣的学生参与到活动中来，保证学生参与的广泛性。另外，设计多种多样的活动形式，有助于把学生的活动空间延伸到教室之外、学校之外，为学生提供更为广阔的探索空间。

具体来说，综合实践活动课程各领域中的任何一种活动主题，都要尽可能地采取多种多样的活动方式，引导学生开展基于活动内容的研究性学习、社会参与的体验性学习、社会活动的实践性学习及生活学习等。在每一项活动主题的实施过程中，要求学生踊跃地进行活动设计、资料搜集、调查、考察、参观、访问、实验、测量、服务、制作、社会宣传、演示、表演、总结、交流、答辩及反思等学习活动。

阅读资料

综合实践活动课程常见的活动类型与活动方法

1. 实际操作

实际操作类活动常采用种植、养殖、修理、制作、编制、发明等形式，目的在于通过变革活动对象，创造物质成果来提高学生的实际操作能力。

2. 文艺创作

文艺创作类活动常采用通过绘画、雕刻、摄影、写作等艺术形式创作艺术作品来表达自己的思想感情，提高创作能力。

3. 游乐表演

这类活动通常采用的方式有游戏、讲故事、演唱、演奏、舞蹈表演、诗歌朗诵及各类体育运动的表演和比赛。

4. 调查研究

这类学习活动的目的在于引导学生正确认识自然与社会，提高学生观察和分析问题的能力，主要方式有观察、调查、参观、访问、测量、查阅资料、撰写调查报告或研究报告。

5. 交流探讨

交流探讨的主要方式有讲座、演讲、讨论、辩论、影评、作品评论等，目的在于集思广益，培养学生的批判精神、探索精神和辨别能力。

（资料来源：廖哲勋.《论新型活动课程的建设》. 华东师范大学学报，1995）

第三节　小学综合实践活动课程设计的方法

小学综合实践活动课程设计除了要符合一定的基本要求之外，还需要一些具体的方法来对活动目标、活动方式和活动过程进行精心规划和设计。

一、活动目标的设计

（一）活动目标设计的依据

1. 综合实践活动课程的总体目标及学段目标

小学综合实践活动课程活动目标的设计要依据最新的《中小学综合实践活动课程指导纲要》所提出的综合实践活动课程的总体目标及学段目标来进行设计。综合实践活动课程的总体目标及学段目标的具体内容详见第二章第一节。

2. 学生的发展情况

在设计综合实践活动课程目标时，可以从以下三个方面考察学生的发展情况，并以此为依据设计有针对性的活动目标。

（1）充分考虑学生在知识技能方面的储备情况和思维特点，掌握学生的认知水平，设计恰当的认知性目标。

（2）充分考虑学生的个性特点和在情感态度方面的适应性，设计恰当的情感性目标。

（3）充分考虑学生的发展差异，了解学生的生活环境和相关经历经验，设计恰当的操作性目标。

（二）活动目标设计的方法

1. 依据总体目标，细化各级目标

我们要依据课程总目标，按照社区、学校和学生的实际情况，设计出各个学段、各个年级、各个学期及班级的综合实践活动课程目标。这个过程实际上将目标不断细化，具体操作途径有以下两种。

（1）总目标→学校整体目标→学段目标→年级目标→班级学期目标。

（2）班级学期目标→大活动主体目标→活动单元主题目标→课时目标→活动环节目标。

设计活动目标时，务必要循序渐进，连贯一致。下一级的目标与上一级的核心目标要保持一致，同时进行适度拓展和体现本校特色。

2．依据领域目标，生成具体目标

《中小学综合实践活动课程指导纲要》对指定领域与非指定领域各个方面的具体目标做了规定，因此在选定综合实践活动课程主题之后，首先要考察活动属于哪个领域，然后再对照《中小学综合实践活动课程指导纲要》中规定的该领域的目标，基于不同学段学生的年龄特点，按照一定的梯度、广度和深度设置实践活动的大体目标，之后再将目标具体化。

3．注重目标清晰、恰当的表述

在综合实践活动课程指导方案中，常常见到一些"活动目标"被确定为"发展学生的创新精神和实践能力""培养学生发现问题、分析问题的能力""丰富学生的经验，培养良好的个性品质"等。至于这些目标达到何种程度、可分解为哪些具体子目标、在不同学段或不同年级达到哪些具体要求、在不同活动阶段实现哪些目标等问题，一概没有清晰的表述。这种宽泛、模糊的目标表述会让学生一头雾水，失去方向感。因此，在设计活动目标时，一定要将目标具体到可操作、可情景化的程度，还要注重目标清晰、恰当的表述。例如，"零花钱额度大调查"的活动目标可设计为"学生能够确定二到三个调查问题，在教师的指导下，学会制作调查记录单，能够用纸笔方式简单地记录调查的时间、地点、对象、结果等基本信息等。上述目标表述中的"制作记录单"及"记录调查信息"均可观察、可评价。

课堂讨论

针对"生活中的小窍门知多少"这项实践活动，你会如何设计活动目标？

二、活动方式的设计

（一）活动方式设计的依据

1．活动内容

活动方式是为活动内容服务的，在进行活动设计的时候，要根据活动内容选择适宜的活动方式。假如活动内容是调查某种现象，那么活动形式就是调查、访问、统计等。按内容划分，小学生综合实践活动主要有三大类：第一类是以探究性学习为主的活动，这类活动常采用的活动方式包括制订方案、调查、访问、观察、实验、统计、信息搜集与处理等；第二类是以社会实践和社区服务为主的活动，这类活动常采用的活动方式包括参观、考察、服务、宣传及义务劳动等；第三类是以技术实践和劳动实践为主的活动，这类活动常采用的活动方式包括设计、制作、研制、种植、养殖、信息发布，以及科技小发明、小创造等。

阅读资料

“探寻生活中的标志”的活动内容和活动方式

“探寻生活中的标志”是以考察探究性学习为主的活动，可选用上网搜集资料、观察、调查等活动方式。具体情况如下：

扫一扫

探寻生活中的标志

（1）在教师的指导下，学生根据自己的兴趣和特长自由分组。推选小组长，小组长汇报本组要研究的问题，制定小组活动计划。

（2）第一组为资料搜集组，任务是搜集常见标志的相关知识，包括标志的来历、标志的分类、标志的用途等，可采用调查采访、查阅书籍、上网查找、社会调查等方式。

图 5-2　生活中常见的标志

（3）第二组为实践行动组，任务是在学校周边地区、商场、住宅小区等区域，观察各种标志，记录下标志的使用情况，可采用拍照、采访、笔记记录等方式。

（4）第三组为创新设计组，任务是尝试运用联想与概括的方法进行创作设计，设计出既有新意又实用的生活标志。

（5）实践活动结束后，由小组长汇报成果，可通过照片、动画、视频等方式为同学们展示各种生活中常见的标志（见图 5-2）及用途。

（资料来源：https://wenku.baidu.com/view/5c648c5e0812a21614791711cc7931b765ce7b30.html，有改动）

2．活动目标

活动方式的设计应以活动目标为依据，以便更好地实现目标。对于同一领域或范畴的实践活动，当活动目标不同时，设计的活动方式也有所不同；而相似主题的实践活动，当活动目标的侧重点不同时，设计的活动方式也有所不同。相似主题的综合实践活动课程目标与活动方式的比较见表 5-1。

表 5-1　相似主题综合实践活动课程目标与活动方式的比较

主题与内容	活动目标	活动方式
春天在哪里 （三年级） 采叶、识叶 制作标本、作文	1. 认知性目标：在采集叶子的过程中，认识常见的花草树木，了解它们的生长特点及叶子的特性 2. 操作性目标：通过观察、搜集、调查、实验等多种形式进行合作探究 3. 情感性目标：对自己感兴趣的问题进行探究，激发探索大自然奥秘的热情	观察、调查、参观、拼叶画；创作；实践；作品展览

表 5-1（续）

主题与内容	活动目标	活动方式
走进春天 （四年级） 认识春天的植物 春天的动物 春天中人的变化 关于春天的文学	1. 认知性目标：通过撰写活动方案、多渠道搜集和整理材料、进行汇报和交流，加深对春天的了解 2. 操作性目标：通过观察、参观、制作、实践，提升观察能力、调查分析能力、表达能力等 3. 情感性目标：激发对春天、对大自然、对生活的热爱	观察、参观、调查、访问、汇报、展示；查阅资料；实践（买菜或买水果）；制作书签；举办春诗文朗诵会
春天在哪里 （长春市第一零四中学小学部）	1. 认知性目标：通过观察、体验等实践活动，了解春天的特征，掌握和春天有关的知识 2. 操作性目标：通过“找”“说”“画”“唱”等多种形式，表达对春天的热爱之情，提升表达能力、艺术创作能力、与人交往能力等 3. 情感性目标：激发对春天、对大自然的热爱	资料查阅：参观、观察；游览公园、做实习导游；举办以春天为主题的演唱会

（二）常见的活动方式介绍

小学生综合实践活动的活动方式很多样，有侧重探究性学习的观察、调查、实验等，也有侧重社会实践和社区服务的参观、服务、义务劳动等，还有侧重技术实践和劳动实践的设计、制作、发明等，后两类活动方式随机性较强，所以这里只介绍观察、调查、实验等活动方式。

1. 观察法

观察法是指人们有目的、有计划地通过自己的感官或者辅助仪器，对处于自然状态下的客观事物进行系统考察，从而获得经验、事实的一种科学研究方法。

一般来说，观察前要制定观察计划，确定观察的目的、范围、形式、内容、时间和方法等，同时，要对观察结果实事求是地记录，力求明确、详细、完整和客观。

2. 调查法

调查法是调查者为了弄清某种问题、现象等的来龙去脉和实际情况而搜集第一手材料并对之进行分析及得出结论的研究方法。

（1）根据形式的不同，调查法分为问卷法和访谈法

问卷法是指调查者通过向被调查人群分发问卷进行信息搜集的方法。问卷法具有调查过程标准化、调查形式匿名性、调查范围广且效率高的特点。其中，问卷对象的选择、问卷的制订和问卷信息的数据处理是关键。

访谈法是通过调查者与访谈对象的交谈来了解访谈对象某些方面情况的调查方法。学生们在访谈之前要准备好访谈方案（内容包括访谈内容、对象、时间、地点、人员分工等），在访谈过程中做好访谈记录等。访谈法是一种富有探究性的调查方法。

（2）根据调查范围的不同，调查法分为全面调查和抽样调查

全面调查是指对所有研究对象进行调查，其调查结果反映了研究对象的总体情况。

抽样调查是指从全体研究对象中抽取一部分作为一个样本，并根据该样本的调查结果来推测、估计总体情况。

3. 实验法

实验法是针对某一问题，根据一定的理论或假设进行有计划的实践，从而得出一定科学结论的方法。实验是发现、确认事物之间因果关系的有效工具和必要途径。学生通过实验法，不仅能增强观察力和想象力，还能强化实践操作能力。一般来说，实验过程的步骤为：提出问题，建立假设→进行实验设计，制订实验方案→实施实验，搜集资料→分析实验材料，揭示因果关系→验证假设，撰写报告。

课堂讨论

对于“走进名人故居”和“职业调查预体验”这两项实践活动，可分别设计哪些活动方式？说一说哪种活动方式更好。

三、活动过程的设计

活动过程的设计包括活动开端的设计、活动主体阶段的设计、活动完成阶段的设计和活动总结阶段的设计四部分。

（一）活动开端的设计

活动开端是指综合实践活动课程进入实施过程之后的起始阶段。综合实践活动课程的开端设计得恰当与否直接影响综合实践活动课程的后续活动能否顺利进行。因此，综合实践活动课程开端的设计要注意通过对初始活动的内容、方法和步骤的巧妙安排，调动学生的积极性情绪和活动兴趣。

综合实践活动课程的开端可以根据活动的内容灵活设计。例如，服务类的实践活动常常从体验开始，而体验式开端的方式灵活多样，可以直接进入现场或进入情境体验别人对自己的服务，然后进行见习和操作；也可以直接进行操作，边操作、边体验、边学习。

（二）活动主体阶段的设计

综合实践活动课程的主体阶段是指进入实施之后的主要实践过程。活动主体阶段内容丰富，步骤较多，时间较长，且具有较强的探究性和实践性，因此在设计时要合理规划，考虑周全，为活动生成留有空间，还要注重细节完善。

1. 为活动生成留有空间

活动的主体阶段是探究性和实践性最强的阶段，活动主体阶段的设计要为了学生的探索和新的问题的生成留下空间，创设未知领域。现以“无处不在的微生物”的主题活动设计为例。学生在最初的活动设计中安排实验如下。

“探索微生物”实验：将2份米饭加热煮熟后，一份用保鲜膜密封，一份敞开，观察哪份米饭先发霉，然后附阅读材料说明原因。

显然，这样的实验设计是在验证（获得）既有的知识，而非探索未知的领域，没有给学生创造探索空间，不利于学生探究能力的发展。因此，指导教师和学生进行了交流，将实验重新设计，做了以下改动。

（1）删除阅读材料。

（2）增加对照实验项目（一份加盐、一份放置冰箱内）。

（3）增加现象及原因的研讨。常温敞置、密封、加盐、放冰箱内的各份米饭分别发生了什么现象？这些不同的现象说明了什么？该实验对于防止食物变质有何启示？

在新的实验设计中，师生删去了阅读材料，增加了实验项目和现象及其原因的研讨，这样的设计给予了一些问题和现象生成的可能，为学生创设了需要学生探究才能得出结论的空间。

2．关键细节设计

活动细节设计是综合实践活动课程主体设计的关键，关乎学生活动的深入程度、活动生成的空间大小和活动目标是否实现。活动主体阶段要设计和完善一些富有典型意义的关键细节。

（1）实践本身的一些细节

以设计与制作类实践为例，主体阶段的设计应该包括对设计方案和图纸的交流、评议、修改、完善及定稿等，还应包括制作过程中材料的选择、工具的使用，以及若干部件的制作、不同部件的连接、整体的优化、制作作品的测定与评价等，这些细节因为活动的类型和学生的能力与水平的不同而不同，有些需要教师指导，有的需要学生体悟，有些需要师生互动生成。

（2）学生学习策略上的细节

学习策略的设计因活动内容而异、因活动情境而异，其设计的目的是增加学生实践的有效性，促进活动目标的达成。学生的学习策略包括合作学习、自主学习、探究学习、体验学习等，其中每一项还可以进一步细化。比如，学生的合作学习还可以细化合作人数、合作内容、合作分工等，学生的体验学习还可以细化为是实习、模拟、表演还是示范。

（三）活动完成阶段的设计

虽然综合实践活动课程以体验、实践为本质，并不刻意追求确定的活动成果，但是每一次活动必然具有伴生成果。所以，为了树立学生的成果意识，鼓励学生及时总结、整理活动素材，便于活动总结与反思，我们还是要对综合实践活动课程完成阶段进行设计。

这个阶段的主要活动内容是整理活动成果，即学生对已有的成果进行统整、设计、归纳、细化，并完善自己的成果。其中，成果的表现形式由学生依据活动类型、方式自己选择。综合实践活动课程的活动方式丰富多彩，活动成果的表现形式也应该是多种多样的。

学生在活动过程中的收获都可以转化为成果，常见的有内化于学生认知和能力结构之中的成果，有外化于活动过程的学生的行为表现方面的成果，还有物化的纸质类、产品类成果。

（四）活动总结阶段的设计

综合实践活动课程总结阶段是评价活动目标是否完成的阶段，活动目标是多维度的，活动总结也应是多维度的。在活动总结阶段，指导教师要引导学生从包括知识、技能、方法、情感、态度、价值观等多个角度进行总结。

活动总结阶段的内容包括活动成果展示、活动总结与反思和心得体会交流等，其形式多种多样，包括总结会、反思日记、成果展示会、实验报告、学生作品拍卖会、网络互动和信息发布会等。综合实践活动课程贵在创新，活动的总结可以设计得不拘一格。例如，“中西方餐饮文化对比”实践活动的总结阶段，有的同学展示了调查报告，以文字的形式展示活动成果；有的同学展示了宣传画册，以图片的形式来表现中西方餐饮文化的差异；有的同学演出了小品、快板，以娱乐的形式展示了学到中西方餐饮文化知识，获得了满堂彩。

第四节　小学综合实践活动课程设计的一般过程

小学综合实践活动课程是在崭新的课程资源观引领下开发、设计、实施的一门整合程度极高的课程。它是以丰富广泛的课程资源为内容源泉，以“主题”为内容呈现形式，以实践活动为主要实施途径和方式的新课程。在其实施过程中，如何在新课程资源观指导下进行主题的开发与设计非常关键。小学综合实践活动课程设计过程有以下四个步骤。

扫一扫

南浦小学“快乐过中秋”综合实践活动

一、做好准备工作

要想很好地进行小学综合实践活动课程设计，其前期准备工作必不可少。小学综合实践活动课程设计的准备主要包括知识准备、心理准备、资源准备三个方面。这是综合实践活动课程设计的基础工作，也是综合实践活动课程顺利实施的前提条件。

（一）知识准备

综合实践活动课程的实施要求教师具备活动规划与设计、组织与协调、搜集和处理信息、活动预测、探究与解决问题以及进行综合评价的能力。因此，在综合实践活动课程设计前，教师必须首先做好以下几方面的准备。

1. 理论知识的学习准备

理论知识学习准备主要包括：了解综合实践活动课程的目的，理解综合实践活动课程的意义，掌握综合实践活动课程的教学原则、教学方法等。这为较好地进行小学综合实践活动课程设计提供了理论保障。

2. 方案设计的示范准备

教师首先要解决对小学综合实践活动课程的性质和特点、活动总体规划、活动方案设计的认识问题。这是设计的关键，没有这方面的准备，设计就会失去方向。同时，教师可以先走一步，利用自己的设计经验做好方案设计的示范准备，为学生提供参考。

3. 资料搜集的准备

教师要指导学生进行资料搜集，具体做法如下：

（1）根据学生兴趣设计多个探究方向，让学生根据自己的爱好自愿选择探究方向，自主选择合作伙伴，激发学生的搜集资料的积极性。

（2）给予学生一些搜集资料方法上的指导，并提供各种搜集资料的途径，保证资料搜集的效果。

（3）任务量不要过大，每个学生只围绕某方面的问题搜集资料，量力而行。

（4）对学生的启发、与学生的交流要到位，从而提升学生的学习兴趣。

（5）在学生遇到困难时，教师要及时给予适当的支持和帮助。

（6）与班主任教师携手，制订一系列措施来调动学生的积极性。

课堂讨论

在做资料搜集的准备时，该如何指导学生搜集资料？

4. 资料整理的准备

探究中获得的资料来之不易，因此将每份资料妥善处理。对教师来说，要将搜集到的原始资料进行整理、归纳、分析与概括，从中找出规律性的东西，得出与自己准备的活动课题有关的结论，从而达到预设效果。处理信息的方法主要有定量分析法、定性分析法、比较分析法、因果分析法和综合归纳分析法等。

提　示

定量分析法是对社会现象的数量特征、数量关系与数量变化进行分析的方法。

定性分析法是依据预测者的主观判断分析能力来推断事物的性质和发展趋势的分析方法。

比较分析法是把客观事物加以比较，以达到认识事物的本质和规律并做出正确评价的方法。

因果分析法是利用事物发展变化的因果关系来进行预测的方法。

综合归纳分析法是指运用各种统计综合指标来反映和研究社会经济现象总体的一般特征和数量关系的研究方法。

（二）心理准备

综合实践活动课程设计需要教师创设恰当的心理氛围，使学生产生浓厚的活动兴趣和饱满的活动热情。在活动开展中，学生的心理会出现一系列变化，这就需要教师有排除学生心理压力的准备，注意对学生进行及时的心理疏导。教师要相信每一个学生都渴望成功，要真诚地对待每一个学生，热情地对待每一个发问，使学生在潜移默化中受到鼓舞、启迪和教益，从而增强自信心，产生成功体验。此外，应善于利用“肯定的目光接触、微笑的面部表情、满意的点头示意”等鼓励性的暗示，使学生产生被重视、被赞许的情感体验，学生在这些“正强化的心理暗示”下，能提高学习的积极性，有助于充分挖掘其潜能。

（三）资源准备

资源准备包括实践活动课程设计的条件准备和了解学生资源准备两方面。

1. 实践活动课程设计的条件准备

这里主要指为学生提供设计实践活动课程所需要的有关条件，包括提供信息网络、图书资料、器材和工具、有关材料等，还包括做好有关培训和动员的工作，介绍有关活动方法等。

2. 了解学生的资源准备

（1）了解学生的知识基础与结构。具体做法有：查阅学生所使用的各学科的课本和课外参考书，查阅学校图书馆学生借阅课外读物的情况；了解学生已经接触到哪些基础知识，哪些基础知识对学生来说已经实现了内化，哪些基础知识对学生来说已经可以熟练应用。

（2）了解学生已有的生活经验。学生已有的生活经验包括学校生活中的经验、家庭生活中的经验以及社区生活中的经验。了解学生已有的生活经验的具体做法有：与其他学科教师或学生家长进行交谈、观察学生在校行为、指导学生主动回忆个人经验等。

（3）了解学生的学习方式。学生的学习方式是多种多样的，不同年龄阶段的学生喜欢的学习方式也有一定的差异，因此，教师在综合实践活动课程设计时要了解学生学习方式的多样性、差异性和选择性，使学生通过综合实践活动课程，灵活运用自己的学习方式，并使之得以尽情发挥。

（4）了解学生的处境与疑问。小学综合实践活动课程的设计要考虑学生的态度、情感和价值观，要将学生的处境、感受和疑问纳入课程设计的范围，满足学生的不同需求，为学生创设良好的活动氛围。

（5）了解学生的兴趣爱好与发展需要。学生的发展是实施教育的直接目的，也是课程设计的根本方向。只有了解学生最缺什么、最需要什么、最喜欢什么，教师才能有针对性地设计或引导学生确定合理的活动主题，促进学生的发展。

二、确立活动主题

确立活动主题有多种方式，可以是学生自发议论的，也可以是师生聊天“聊”出来的。不管这些活动主题所包含的问题是操作性的、探索性的、批判性的，抑或是发现性的，都必须是教师和学生协商的结果，这是确立活动主题的基本原则。

活动主题的产生和提出需要以一定的知识储备为基础。因此，要使学生能多提出问题，必须加强学生的知识积累，具体来说，可以通过开设讲座、组织参观等方式为学生补充活动背景知识，同时引导学生在生活中多观察、多思考。

教师的主要职责是引导学生提出问题，因此教师应准备一些新颖有趣、对学生有较大吸引力的问题，对学生加以引导，激发学生强烈的参与心理。在引入问题时，教师可以将问题巧妙地转化为问题情境。例如，教师在引入环保问题的时候可以从本地区环境问题入手，展示一些环境污染的图片、资料或提供相关信息，然后向学生提问，如“环境污染是由什么原因引起的？”“环境污染对我们的生活有什么样的影响？”“你是如何看待环境污染的？”“你觉得环境污染该如何解决？”等。

在确立活动主题时，教师要认真考虑活动的价值和可行性，即考虑活动对学生的发展是否有利，活动受到哪些主客观因素的制约，等等。

【活动实例 5-4】

如何确定活动主题

某小学的活动指导老师小丽是近视眼，有一天，她戴了一副镜框眼镜来参加小组活动（平时她都是戴隐形眼镜），学生们马上就发现了她的变化，学生张峰问：“老师，您怎么戴眼镜了？”小丽老师说：“因为我是近视眼呀，上学时我不注意用眼卫生，得了近视眼，所以只能戴眼镜了。”学生们听了纷纷议论起来，有的说：“我平时也不注意用眼卫生，看来我要好好保护眼睛了。”有的说：“我发现我们学校有好几个同学也戴眼镜，他们肯定也是近视眼。”有的说：“戴了眼镜做事很不方便，还是得好好保护眼睛。”小丽老师看到同学们对“近视眼”这个话题很感兴趣，马上抓住时机说：“同学们，近视眼是怎么形成的呢？近视眼到底有什么危害呢？怎样才能保护眼睛呢？你们可以去探究一下。”这样，“保护眼睛，远离近视”的活动主题就形成了。

【活动小结】

案例中教师将隐形眼镜换成普通眼镜，抓住时机提示学生“保护眼睛”可以成为一个探究主题，过程中教师并不急于“告知”，而是让学生自己发现，从而激发了学生的探究兴趣。

（资料来源：张华.《小综合实践活动课程开发与案例研究》. 北京：高等教育出版社，2008）

三、撰写活动方案

（一）活动方案的形式

一份完整的活动方案包括活动主题、活动背景及意义、活动目标、活动条件及相关准备、活动过程、活动总结等内容。在撰写活动方案的时候，需要从整体流程考虑这些方面，明确各方面的撰写要点。

常见的活动方案形式有表格式和文本式两种。表格式简明扼要，一目了然，如表 5-2 所示。

表 5-2　××小组活动方案

<table>
<tr><td colspan="2">活动主题：</td><td>活动意义：</td></tr>
<tr><td colspan="2">指导教师：</td><td>班级：</td></tr>
<tr><td colspan="2">组长：</td><td>课题组成员：</td></tr>
<tr><td colspan="3">活动目标：</td></tr>
<tr><td colspan="3">活动准备：</td></tr>
<tr><td colspan="3">活动方式：（1）查阅资料；（2）采访；（3）实验操作；（4）调查统计；（5）其他：______________</td></tr>
<tr><td colspan="3">任务分工情况：</td></tr>
<tr><td colspan="3">活动步骤：</td></tr>
<tr><td rowspan="4">活动具体阶段</td><td colspan="2"></td></tr>
<tr><td colspan="2"></td></tr>
<tr><td colspan="2"></td></tr>
<tr><td colspan="2"></td></tr>
<tr><td colspan="3">计划访问的专家：</td></tr>
<tr><td colspan="3">预期成果（论文、调研报告、实验报告、模型制作等）：</td></tr>
<tr><td colspan="3">呈现形式（实物、文字、PPT、音像资料等）：</td></tr>
<tr><td colspan="3">备注：</td></tr>
</table>

文本式较为详细，如实例 5-5 所示。

【活动实例 5-5】

珍惜粮食，从我做起

一、活动背景

随着人们生活水平的提高，生活中浪费粮食的现象越来越严重，有的学生把没吃完的馒头、面包随地乱扔，学生食堂剩饭剩菜多得惊人。要知道，地球的土地资源有限，粮食作物产量有限，世界上还有许多吃不饱饭的人，粮食是农民劳动的结晶，是人类生存的源泉，我们不应将其浪费。因此，我们决定以“珍惜粮食，从我做起”为课题，开展一次综合实践活动。

二、活动目标

（1）通过多渠道、多学科的综合学习，了解粮食与生产生活的关系。

（2）通过亲身体验，了解农作物的种植、管理、收获等生产过程，提高观察、发现、探究、操作的能力。

（3）认识到粮食的来之不易，养成良好的饮食习惯，杜绝浪费粮食的现象。

三、活动方法

采用调查、实验、参观、义务劳动、体验农民的生产过程等形式开展活动。

四、活动过程

第一阶段：准备阶段

根据活动方案，制定相应计划，对活动班级学生进行分组，让各组学员选出小组长，并指导小组制定活动方案，讲明活动目的、活动要求及活动过程。

第二阶段：活动实施阶段

1. 调查体验活动

学生深入农田，了解粮食的种类，认真填写调查表，小组成员相互交流，并由组长进行记录；利用参观、劳动、体验的方法了解粮食的生产过程，体会粮食的来之不易，并做相应记录。

2. 查阅资料

学生通过查阅文献资料和网络资料，了解我们吃的主食是由哪些粮食制成的；了解粮食除了食用之外，还有哪些用途；了解我国的粮食产量是多少。

3. 开展“粮食知多少”知识竞赛

开展“粮食知多少”知识竞赛，并通过制作手抄报、宣读体验日记等形式宣传粮食的相关知识，深刻体会它对于我们的意义。

4. 活动要求

各组的活动方案，要突出实效性、真实性，教师要做好监督和指导工作。

第三阶段：汇报、总结阶段

经过上述各种活动，学生把自己的材料向同学们进行展示，说心得体会、读体验日记等，并让学生之间相互评价并进行反思。

（二）活动主题的撰写

综合实践活动课程的主题是整个活动的“窗口”和“眼睛”，是对活动内容的高度概括，它应反映出整个活动的主要特征。主题设计应新颖醒目、清晰明了，能吸引活动对象的注意力，提高学生参与的积极性和研究的兴趣。

主题名称是一次探究活动内容的凝练概括，一个好的主题名称，能对活动内容起到引领和点睛作用。如“小鬼当家学理财”“我与蔬菜交朋友”“奇妙的绳结”等主题题目，生动形象、富有童趣。对于小学生而言，即使是由主题分解成的各个子课题，也不应该用规范的科研课题的框架束缚学生。很多教师在开题选题课上花了大量的时间和精力要求学生把问题转化为规范严谨的课题表述方式，如针对“小鬼当家学理财”这一主题，有些教师非得将其转化为“关于小学生理财现状及方式的调查研究”，以至于学生云里雾里，似乎题目都看不懂了，不知道具体要做什么。小学生的综合实践活动课程，大可不必用过于严谨的方式来将主题、问题、研究课题“格式化”“形式化”。

（三）活动目标的撰写

小学综合实践活动课程目标包括认知性目标、操作性目标、情感性目标三个维度，活动目标的撰写是指具体描述活动行为目标，也就是从三个维度出发对行为目标进行具体而又明确的表述。撰写活动目标时应注意以下几点。

（1）目标设定忌“贪多求全”。小学综合实践活动课程目标虽然强调三个维度，但每个维度应有重点、分阶段落实，过多、过全、过细的目标，会流于形式，只是“撑个门面”，做个“花架子”。

（2）目标要求忌超越学段和年段认知特点。有些目标设定，看不出学段和年段特点，从一到六年级均可“拿来主义”，哪个年级都“适用”，这是极不科学的。因此，教师要静心研究各学段在目标要求上的不同，从而做到循序渐进、阶梯式发展学生的综合素质。

（3）目标表述应与活动过程中的具体任务密切联系，忌笼统地罗列采用哪些方法、培养哪些能力、发展哪些情感等。小学综合实践活动课程的目标更多地属于行为目标、生成性目标，因此，设定和撰写目标时，应突出学生的具体活动，以其实际行动和具体操作来达成目标要求。

【活动实例 5-6】

“今天我当家”的目标撰写

以下是某小学四年级学生为“今天我当家”实践活动撰写的活动目标，这份目标很好地体现了《小学综合实践活动课程指导纲要》的要求。

1. 认知性目标

通过独立设计菜谱、独立购买食材及生活用品，了解目前的物价水平，树立正确的消费观念。

2. 操作性目标

通过亲身体验，提高生活技能，养成记账、存钱的好习惯。

3. 情感性目标

通过角色替换，体验“当家”的感觉，了解爸爸妈妈平时当家的辛苦，增进与父母的感情，以实际行动报答父母，为家庭分忧。

（四）活动过程的撰写

活动过程是小学综合实践活动课程方案的主要部分，一般分为三个阶段，即准备阶段、实施阶段和总结阶段。

1. 准备阶段

准备阶段要明确的主要工作有以下几个方面。

第一，以师生共同总结、归纳的问题为依据设立活动小组，学生根据自己的兴趣、爱好和特长决定自己要参加的活动小组，并由学生民主选举小组长，小组长主持小组的全部活动。

第二，小组成立后，在小组长的主持下，各组对本组活动的主题进行讨论，在此基础上制订本小组的活动计划。活动计划内容一般包括活动主题的名称，预设的活动目标、活动步骤和方法，拟定的调查和采访对象，时间安排和人员分工。可能的话，还应在活动计划中说明预期达到的效果。

第三，对于综合实践活动课程所涉及的安全问题，课程组织者应当以高度重视、高度负责、高度警觉的态度对待，细致严密地做好预防工作，同时还应注意调动一切社会资源为学生的健康和安全提供切实的保障。

2. 实施阶段

这一阶段主要阐明开展什么活动，运用什么方法，如何安排时间、地点，还有想办法让学生产生深刻的实践体验。撰写这一阶段时，要注意以下方面：

（1）要着眼于生活，提供多种途径，如参观、访问、调查、实验、测量、宣传、郊游、义务劳动、公益服务、设计、操作等，引导学生调动多种感官参与、动手与动脑相结合。只有这样，学生才能有更多的机会去活动，才能享受探究的乐趣、活动的愉悦，才能获得独特而深刻的体验。

（2）要预留记录、反思和分享的环节，引导学生记录活动中的实际感受，总结和分析各种观点和认识；反思活动中的问题，产生深刻的体会；交流经验和教训，做到学思结合，养成倾听、慎思、明辨、合作的习惯。

3．总结阶段

这一阶段主要阐明如何整理与归类资料、如何展示研究成果、如何进行评价和反思等。撰写这一阶段时，要注意以下方面：

（1）充分考虑资料整理与归类的相关操作，各小组对本组成员通过各种渠道搜集的资料，包括从网上下载的文字资料、拍摄的图片资料、访谈记录的资料、录音录像资料等，都应详细、严格地进行整理与归类。

扫一扫

“校园绿化小调查”研究成果介绍

（2）选择多种研究成果的撰写形式，包括调查报告、心得体会、活动感想、活动日记、活动资料的整理与摘抄、访谈实录等。要注意的是，学段越高，学生各方面的知识积累越多，其探究的研究成果质量也应越高。

（3）选择多种研究成果的展示形式。研究成果展示的形式多种多样，可用论文、调查报告、心得体会、日记、图片等各种形式表现出来，也可以用班级、年级或全校报告会的形式进行汇报，还可以采用文艺活动的形式，如短剧、相声、小品、朗诵、歌舞、快板书等进行汇报演出，甚至还可以把学生的各种成果汇编成册向社会进行宣传。成果展示的目的，不是为了宣传学生取得了多么重大的研究成果，而是鼓励学生积极参与综合实践活动，认同自身的实践体验。

（4）预留介绍研究成果环节。通常情况下，由小组成员在全班同学面前汇报自己小组的活动成果，介绍活动的过程、收获和体会，回答同学的质疑或疑问，并展开讨论。这既是对学生活动成果的检阅，也是对其他同学的促进。

（5）组织评价与反思。首先开展学生自评与互评，在这一过程中，学生先谈在综合实践活动开展过程中的收获、体会、感想以及对活动的建议，然后由小组成员相互评价并做好评价记录。评价时，以总结成绩和经验为主，以肯定活动中的好人好事为主，以鼓励每一位学生的积极表现为主。最后，在学生自评与互评的基础上，由家长、指导教师和专门从事本课题研究的专业人员进行评价。进行评价时，要肯定学生参与活动的过程和参加活动取得的点滴成绩，要对在活动中有进步表现的学生进行表扬。在评价的基础上，教师要引导学生进行反思，反思活动中出现的问题，促进活动方案的不断优化。

四、评价活动方案

对活动方案进行评价，其目的是判断其是否成熟可行，从而对综合实践活动课程方案作出鉴别与选择，为进一步修正方案提供参考。

（一）对活动主题的评价

活动主题是对活动内容的高度概括，反映了活动目标。活动主题主要从活动主题是否有价值、是否有特色、是否有趣味、是否贴近生活、是否切实可行等几个方面进行评价。

（二）对活动目标的评价

活动目标是学生在教师指导下依据综合实践活动课程的总目标和学段目标确定的具体的活动课题目标。活动目标的评价主要是评价目标是否全面、是否具体、是否恰当、是否明确、是否可测等。

（三）对活动过程的评价

活动过程的评价主要是评价活动阶段划分是否合理、活动方式是否多样得当、活动过程是否反映学生的主体性、活动结果能否反应活动过程等。

思考与练习

1．综合实践活动课程设计的基本要求是什么？

2．综合实践活动课程设计的原则是什么？

3．试述小学综合实践活动课程设计的一般过程。

4．自拟活动主题，制订活动方案。要求：以表格的方式呈现；内容包括主题题目、实践学校、年级对象、指导教师、主题来源、实施步骤与方法。

第六章

小学综合实践活动课程的实施

内容提要

综合实践活动课程的实施过程不仅是一个既定课程计划、教学方案的落实过程，而且是一个探究、发现、创新的过程。把握综合实践活动课程实施的特点、实施过程中的主体和任务、活动实施的过程及活动中出现的问题及对策，对于有效地开展小学综合实践活动课程具有重要的理论指导意义和实践操作意义。

学习目标

- 了解小学综合实践活动课程实施的概念和特点。
- 明确小学综合实践活动课程实施的主体与任务。
- 掌握小学综合实践活动课程实施的过程。
- 理解小学综合实践活动课程实施中的问题及对策。

素质目标

- 践行教师职业道德规范，提升学以致用的能力。
- 塑造良好的职业形象，展现教师人格魅力，通过自身的言谈举止为学生树立榜样。

第一节　小学综合实践活动课程实施概述

一、小学综合实践活动课程实施的概念

综合实践活动课程是由国家设置、地方和学校根据实际情况开发的课程，主要围绕学生与自然、社会及自我的关系这三条线索组织内容，内容涉及研究性学习、社区服务与社会实践、信息技术教育、劳动与社会教育。小学综合实践活动课程的实施是学校、指导教师依据《中小学综合实践活动课程指导纲要》，将综合实践活动课程规划落实在操作层面的过程，是追求和达到该课程目标的基本途径。

二、小学综合实践活动课程实施的特点

与学科课程的实施相比，综合实践活动的实施具有以下几个特点。

（一）影响因素多

小学综合实践活动课程实施的影响因素很多，涉及多个方面，有涉及学校物质条件和校内的指导教师方面的，有涉及校外的资源配套、家长的认识与支持方面的，还有涉及学生的知识经验、能力、兴趣爱好等方面的。例如，学校物资方面的影响因素主要指学校是否配备图书馆、资料室、实验室、多媒体教室、教学与实习研究基地等；校内指导教师方面的影响因素，包括教师的资源开发与使用能力、课程实践能力、合作协调能力等；校外资源配套方面的影响因素主要指学校是否有条件利用科技馆、文化宫、农村、工厂、科研院校和自然中的各种资源等开展综合实践活动课程。有时一些不确定因素如天气的变化也会在某种程度上影响小学综合实践活动课程的实施效果。

（二）时间弹性大

《中小学综合实践活动课程指导纲要》规定，综合实践活动课是小学 1～6 年级的一门必修课程，小学 1～2 年级，平均每周不少于 1 课时；小学 3～6 年级，平均每周不少于 2 课时。在实际的课程实践中，教师常采用弹性课时制，即根据不同的活动主题分配时间，有的活动主题复杂，要开展一系列的活动，分配的时间就多；有的活动主题相对来说简单，两三次活动就可以完成，分配的时间就少。总的来说，综合实践活动课程的实施具有时间弹性大的特点。

扫一扫

北京市朝阳区实验小学“走进大使馆”活动

（三）活动场所多

综合实践活动课程具有开放性的特点，决定了其实施的活动场所多、活动空间广。综合实践活动的场所包括但不限于学校、家庭、社区机构、企事业单位、社会生活场所、科研单位、自然景点等。丰富的活动场所拓展了学生的实践活动范围，为学生的发展开辟了广阔的空间。

【活动实例 6-1】

星河小学五年级二班的某次实践活动课是进行实地调查，初步了解各行各业。同学们有的去农村采访农家乐老板和草莓大户；有的去超市采访收银员；有的到服装厂，了解流水线工人的日常工作；有的到垃圾处理厂，了解垃圾厂如何处理生活垃圾……

这样的实地调查，既让孩子们更熟练地掌握了社会观察的方式、方法，也使孩子们了解了各行各业，拓宽了眼界。

（四）活动方式多

《中小学综合实践活动课程指导纲要》提出综合实践活动课程的主要方式是考察探究、社会服务、设计制作、职业体验等，并推荐了一批适合中小学开展的活动，着力于提升综合实践活动课程的思想性、实践性和可操作性。

具体来说，小学综合实践活动课程的实施方式很多，有侧重探究性学习的观察、调查、实验等，也有侧重社会实践和社区服务的参观、服务、义务劳动等，还有侧重技术实践和劳动实践的设计、制作、发明等，目的都是引导学生从不同的角度对生活、社会问题和科学现象进行研究，自己去发现问题并得出结论。

（五）凸显自主性

小学综合实践活动课程的实施非常灵活，充分体现了自主性。一方面，学校、教师可根据《中小学综合实践活动指导纲要》规定课程的总目标，自行选择课题并进行课题的设计、实施、评价等，可以自主选择活动内容和活动场所，选择组织形式和教学方法。另一方面，学生可以充分发挥主体意识，利用更多的机会去设计、开发、行动、体验与创造，感受实践过程的艰辛，享受探究的乐趣、劳动的充实、服务的快乐等，获得积极的实践体验。

【活动实例 6-2】

榆林小学四年级三班的同学们新学了一首《二十四节气歌》，这也使他们对“二十四节气”产生了浓厚的兴趣，于是他们成立了节气探究小组，确立了“跟着节气去探究”

的活动主题，活动方式包括观看图片、视频，学习谚语，阅读《老祖宗说节令》，观察身边的植物、动物、天气等物候变化等；同学们长期坚持，认真记录，并尝试编制当地的自然日历，理解农业生产与物候变化的关系，探索不同节气的自然变化。这次活动不仅使同学们感受到了古代劳动人民的智慧，还使他们初步树立了严谨求实、一丝不苟的科学态度。

（六）实施难度大

小学综合实践活动课程实施存在“四无”特征，实施难度较大。第一，无统一的教学内容，需要教师从学生的生活中寻找学生熟悉、感兴趣的课题内容；第二，无固定的指导教师，每次活动要根据课题的内容选定、聘请指导教师，除了校内的教师，社会上各部门、各行业的人员都可以担任指导教师；第三，无固定的活动场所，综合实践活动可以在校内进行，也可以在校外进行；第四，无固定的活动模式，由于活动主题不同，采用的方式、方法不一样，活动模式也就不固定。加之，小学综合实践活动课程的评价侧重质性评价、表现性评价等内在评价，评价难度大；课程实施涉及的主体多，学校、社区、家庭的重视程度不同，管理中还存在一些难题，如教师工作量的计算、教学成果的鉴定等。因此，小学综合实践活动课程实施的难度很大。

（七）安全问题突出

在小学综合实践活动课程中，综合实践活动课程的探究取向，使得学生要走向社会、接触自然、走访各类人员、调查各种事项等，在社会学习过程中容易出现安全问题；另一方面，学生要与各种各样的工具、设施、人员打交道，在操作过程中容易出现安全问题。小学生的身心发展尚未成熟，判断是非的能力、应对突发事件的能力、心理承受能力还不够强大，这也使得活动中的安全问题上升为综合实践活动实施“第一位”的问题，成为制约课程发展的“瓶颈因素”。

在开展综合实践活动时，教师应事先考察学生活动的环境，充分考虑可能发生的安全问题，采取一定的应对措施。同时应对学生进行安全知识培训，提高学生的安全意识和防护能力。

【活动实例 6-3】

案例 1：一些教师组织综合实践活动时总是“提心吊胆”，他们认为带学生到校外开展活动太危险，没有精力看管。因此，他们把综合实践活动等同于社会参观活动，严格要求学生排成一列纵队，统一步调，统一指挥，统一调度。

与此相对的是，还有一些教师组织综合实践活动时“轻描淡写”，他们把综合实践活动当成了随心所欲的休闲娱乐活动，因此，他们很乐意带领学生走出校门开展活动，并无所顾忌地让学生根据自己的兴趣纵情活动、尽情欢乐。

案例 2：以下为六年级指导教师李老师口述内容：在选定 6 月份的综合实践活动主题的时候，“动物组”的同学们选定的主题是研究蜜蜂。他们的口号是“勇敢地走近蜜蜂，与蜜蜂为友”。我担心的是，蜜蜂蜇伤人怎么办？我觉得有必要与小组成员商量一下，是否该取消这一活动。商量的结果是，我被同学们说服了，因为他们考虑得很充分，他们的活动计划让我叹服。（1）他们已从图书馆、网上搜集了大量有关蜜蜂的知识，其中一篇《怎样躲避蜜蜂的攻击》让我吃了一粒“定心丸”。（2）他们事先采访了养蜂人。养蜂人成天跟蜜蜂打交道，但不会被蜜蜂蜇伤，学生们已听取了养蜂人的经验。（3）组长建议由他充分准备后“深入虎穴”“冲锋陷阵”，确定安全后其他同学再跟上，降低了活动风险。

案例分析：

综合实践活动课程实施过程中，安全保障是教师高度重视、密切关注的问题。我们反对案例 1 中出现的两种错误倾向：一种是“因噎废食”，不让学生脱离教师的视线和怀抱，教师把自己看作学生的“贴身保镖”。另一种是教师放纵学生无拘无束、“走南闯北”，教师的作用形同虚设，对学生的安全问题心中无数。在案例 2 中教师考虑到了学生的安全问题，积极地与学生商量，并由学生确定可行的防护措施，增强了活动的安全保障。而学生确定安全保护方法的过程，也成为了综合实践活动的一部分，这种做法是可取的。

第二节　小学综合实践活动课程实施的主体与任务

小学综合实践活动课程的实施主体主要包括教育行政机构、学校、指导教师、家长和学生，他们的主要任务有所不同。

一、教育行政机构的主要任务

小学综合实践活动课程的实施需要各级教育行政管理部门根据新课程实施的要求进行监督、管理、指导、引导、规划，为综合实践活动课程的实施提供必要的政策保障。

（一）监督与管理

教育行政部门及其管理人员的职责，主要是从宏观上对综合实践活动课程进行监督和管理。地方教育行政部门要引导并监督学校认真落实课程计划，保证国家制定的课程计划的严肃性。

（二）指导

地方教育行政部门及其管理人员，需要把对学校的管理与指导工作结合起来，通过运用一定的评价手段和组织区域性的、校际的经验交流活动等方式，帮助学校领导和教师转变教育观念，指导学校切实地、创造性地落实课程计划中关于综合实践活动课程的要求。

（三）引导

地方教育行政部门还要引导学校建立起一支专兼职结合的指导教师队伍，调整教师编制结构，落实综合实践活动的指导教师，妥善处理综合实践活动指导教师的职称评定、业绩考核等方面的问题；引导学校联系学生的生活经验和生活背景，开发和利用多样化的课程资源；根据学校实际、教师指导与学生活动的需要，分年段开发指导性的课程资源包；引导并加强对综合实践活动课程实施的研究。各级教研室要组织力量，深入学校，共同研究综合实践活动，总结经验，分析并解决问题。

（四）规划

市、区、县一级的教育行政管理部门，应对综合实践活动课程实施进行区域性的统一规划。

二、学校的主要任务

学校对课程实施有着重要的指导作用。学校应从组织建设、人员建设和制度建设等方面着手，从开发、实施到评价，对综合实践活动课程的实施进行全过程管理，确保课程的顺利实施。

（一）开发课程资源

学校要因地制宜、因时制宜，充分开发利用各种教育资源（包括校内资源、社区资源和学生家庭资源等），积极创造条件，开发信息化课程资源，拓展综合实践活动的实施空间。学校还要协调多方面的力量，发展校外指导教师队伍，构建起指导学生综合实践活动的人才资源库，并对各种资源进行分析，联络相关部门，建立综合实践活动课程基地。

【活动实例 6-4】

课程超市——让学生自己“点菜”

“课程超市”是莞城中心小学综合实践活动课程的特色之一。“课程超市”将学校给学生“配餐”和学生自己“点菜”相结合，使每一位学生都拥有一份个性化的课表，其中五年级的“菜单”如图 6-1 所示。“超市”以年级组为单位，按照学生的学习兴趣，打破原有的班级界限，实施年级组内“小走班”制教学，从而满足不同学生的发展需求。学期末，学生通过义卖、义演、展览等形式，进行全校的成果展示汇报，将自己的劳动成果转化为展现风采、奉献爱心等实际行动（见图 6-2）。

五年级级部课程超市项目统计表

序号	课程超市项目	主要内容	上课地点
1	创意小香包	手工制作小香包	五（1）班
2	缤纷数字油画	描绘数字油画	五（2）班
3	超轻粘土DIY	用粘土制作主题造型	五（3）班
4	快乐跳棋	学习跳棋竞技	五（4）班
5	钻石画	钻石创意想象画	五（5）班
6	生活美食	美食制作	五（6）班
7	创意想象画	贴 画 心中所想	五（7）班
8	水雾魔法珠	小挂饰制作	五（8）班

图 6-1　五年级“菜单”

图 6-2　成果展示

（资料来源：http://www.sohu.com/a/257256818_700521）

（二）制订课程规划

学校应结合地方、社区及学校自身的办学理念和发展特色，从整体角度对课程进行全面规划，明确课程目标，配备领导和师资队伍，提出课程实施的建议，对全校各年级的课程实施进行适度调控，保证其阶梯性、衔接性。

（三）加强教师培训

教师培训是综合实践活动课程有效实施的关键，学校应通过开展专题讲座、研究交流等各种形式开展教师培训工作，帮助教师理解综合实践活动课程的理念，促进教师教育观念的转变，使他们掌握课程实施的方法与策略；同时鼓励、支持教师研究综合实践活动的实施规律，提高其开发与实施综合实践活动的能力。

（四）组织课程实践

学校要安排好综合实践活动课程的课时，确定活动的主题，选派适合的指导教师，落实活动场所及提供活动经费等。

（五）开展管理督导

学校应按照课程规划设置课程，确保平均每周 3 课时；建立专门机构，负责对综合实践活动课程实施进行统筹规划、管理和督导；对教师和学生的课程实施进行评价；合理计算教师的工作量等。

三、教师的主要任务

学校指导教师是综合实践活动课程实施的直接责任人和核心主体，其主要职责如下。

（一）制订课程计划

教师应根据《综合实践活动指导纲要》和学校课程规划，结合社区、学校和学生的特点，设计不同年级的课程实施计划并考虑课程的年段衔接。

（二）利用课程资源

教师应根据课程的实施要求，最大限度地开发和利用学校、家庭、社区、社会的课程资源，提高课程资源的利用率。

（三）实施具体课程

教师要指导学生完成确定活动主题、制订活动方案、实施活动方案、总结交流、反思活动的整个实施过程。

（四）进行课程评价

教师应对综合实践活动课程实施的效果进行评价、总结经验、发现问题，为下一步课程实施提供反馈信息和参考依据，并指导学生学会对自己在整个课程实施过程中的表现进行客观的评价，还要发动家长参与评价。

【活动实例 6-5】

桂林实验小学四年级的语文老师李老师结合《桂花雨》这篇课文，引导学生开发了以“桂花的秘密”为主题的实践活动，学生们从桂花的品种、颜色、食用价值、营养价值以及桂花的产地等方面进行了探究。在研究过程中，学生既感受到了“桂花之美”，也培养了探索意识和科学精神。

四、家长的主要任务

家长的理解和配合、参与和支持，在很大程度上影响着综合实践活动课程的推进。

（一）活动实施前，家长“知情”和“认同”

综合实践活动实施前，学校可以充分利用家长学校、家长会、学校网站等对家长进行相关的普及性培训。通过家长开放日使家长走进综合实践活动的课堂，使家长深入了解、感受这门课程的理念和目标，切实使家长成为综合实践活动课程的“知情者”和“认同者”，不做“反对者”和“阻碍者”。

提　示

家长学校是指以中小学生家长为主要对象，以传授家庭教育的科学知识和方法为主要内容的一种业余教育形式。

（二）活动实施中，家长“支持”和“参与”

在综合实践活动实施中，家长的参与形式包括：通过家长会、家长学校、家校书面联系、学校网站留言等方式和老师，学校互动；积极对综合实践活动课程发表建议，及时反馈学生的状况；直接督促、引导学生完成考察计划，实验制作，调查报告等综合实践活动课程的“作业”。还有更深层次的参与形式，如成立家长资源库，教师与有关家长一起成立综合实践活动课程备课组，并合作开发课程资源，如对植物有研究的家长，可以与教师一道开发有关植物的主题活动；具有种植、养殖等方面技能的家长可以开发与之相关的主题活动；对茶、陶艺、中医等中国传统文化有研究的家长，可以与教师一道开发有关传统文化的课程资源。这样，家长不再是“局外人”和“旁观者”，而是成为“支持者”和“参与者”，甚至是课程的“开发者”和“策划者”。

扫一扫

北京市东城区新童谣亲子表演比赛活动

【活动实例 6-6】

爸爸妈妈来当老师——家长合力参与综合实践活动课程开发

新世纪市北学校分别邀请了五年级三班范云舒同学的爸爸——市公安局范治平警官和五年级二班王亚琪同学的爸爸——某茶业有限公司王盛董事长走进学校，为同学们开展主题教育活动。

> 范警官开展了“共筑网络安全，共享网络文明”为主题的网络安全教育活动。在网络安全课堂上，范警官从正确认识互联网、科学使用互联网及积极参与网络安全知识宣传三方面与同学们进行了交流。生动的讲解，真实的案例，让同学们感触颇深，使同学们了解了如何健康上网。
>
> 王总开展了“茶教结合进课堂”为主题的茶文化教育。在茶艺课堂上，王总讲述了茶文化的悠久历史，分享了关于茶的诗词歌赋，并通过现场的茶艺表演让在场师生唇齿生香。“舌底朝朝茶味，眼前处处诗题。”这节诗意悠悠、沁人心脾的茶文化课，不仅使同学们领悟到“静能生慧”的茶之内涵，更使他们深深折服于中华文化的博大精深。
>
> （资料来源：http://www.sohu.com/a/127716730_349509）

（三）活动完成后，家长“反馈”和“评价”

综合实践活动课程强调评价与反馈。但现实情况是，这门课程的评价一般只做到了教师评价和同学互评，忽略了家长的评价，即使有时邀请家长评价，由于家长前期参与少，对活动目标不明确、对活动过程不清楚，因而会造成评价的局限性和片面性。只有家长亲自参与了学生的活动，对学生各方面的能力有深入的了解，才能够较为全面客观地评价孩子在活动中的表现。

五、学生的主要任务

学生是小学综合实践活动课程的直接实施者。学生根据自己的兴趣、爱好和需要，自定活动主题、自己动手收集课题相关材料，专业指导老师进行引导，自主实施综合实践活动课程。新课程改革的宗旨是实现从“知识本位”向“发展本位”的转变，其实施的途径也从“拓展知识”转向“回归生活”。在小学综合实践活动课程实施的过程中，学生主体地位的作用与表现更加明显，在制订活动方案、实施活动方案、总结交流等一系列的小学综合实践活动课程实施过程中，学生均发挥着主体作用。

第三节　小学综合实践活动课程实施的过程

小学综合实践活动课程实施的过程包括准备阶段（确定活动主题、制订活动方案）、实施阶段（实施活动方案）和总结阶段（总结交流和活动反思）三个阶段。在活动中教师可以按照实施的一般程序，结合具体的活动内容，引导学生进行设计、组织和实施，从而保证综合实践活动的顺利进行。

一、准备阶段

（一）主题确定的过程

在综合实践活动课程的实施过程中，确定活动主题是非常关键的一步，选择何种主题，直接决定了活动实施者的兴趣和投入程度，也会影响活动的实施效果。活动主题的确定要着眼于学生的生活，从日常生活中选择有探究价值、能促进学生发展的问题，同时考虑本地、本学校可供利用的教育资源；要依据学生的兴趣，选择具有新奇性、趣味性、启发性和实践性的主题，要既有一定的难度，又是学生经过努力能达到的。主题确定的过程包括发现问题、交流讨论、形成主题三个环节。

1．发现问题

确立活动主题的第一步就是发现问题。对于学生来说，应该从哪些地方发现问题呢？答案是从生活中。生活是少年儿童学习的立体教科书，培养他们在生活中发现问题的意识，有利于纠正基础教育长期以来理论脱离实际的倾向。

学生的生活大致可以划分为自然、社会和个人生活三个方面，因此，发现问题也应该首先着眼于这三个领域，具体来说，可从日常生活、学习、交往、休闲以及周边环境等发现问题，如从日常生活中发现“你会养什么花草？”“交通安全注意事项”等问题，以此为基础发掘主题。

发现问题的过程中，教师应该发挥指导作用，可以引导学生在各种情景中发现问题，或提供问题、选题范围供学生选择。

2．交流讨论

发现问题之后，教师首先应让每一个（或每一组）学生汇报、交流自己发现的问题，这可以让学生把处于朦胧状态的问题理清脉络，使问题明朗化，也可以使学生在交流中学会更多发现问题的方法。其次，同学们可以通过讨论等方式对问题进行分类、归纳和提升，然后，学生再根据自己的兴趣、爱好、能力、特长等选择自己想要研究的问题，这些问题既可以是自己发现的，也可以是别人发现的。

3．形成主题

不是任何确立的问题都能够成为活动主题，由问题到主题，还必须经历论证，即论证活动主题开展的意义和可行性，同时为设计活动方案做准备。

确立活动主题时要认真考虑活动的价值和活动的可行性。其中，价值方面主要是考虑活动对学生的发展是否有利。可行性方面主要考虑主客观因素的制约，包括学生的经验、知识结构、兴趣爱好，以及人力、物力、财力、时间等方面。

【活动实例 6-7】

我有个主意，大家看行吗？

以下为红旗小学陈老师自述所教学生确立活动主题的过程：这学期四年级综合实践活动的主题之一是“关注社会生活”。学生们反复讨论都没有确定主题，我决定先暂时放一放，以便他们有足够的时间走入社会、观察生活，发现自己感兴趣的问题。周一要开主题讨论会，一大早我就来到了教室，他们会有怎样的惊喜带给我呢？我很期待……

唐明浩蹦蹦跳跳地走进教室，随后从书包里翻出两张纸。“陈老师，你看。”他一本正经地说，“这是小区居委会发给我家的宣传纸，是关于捐赠旧衣服的，而且小区里还多了两个绿色的回收箱。”我还没来得及搭话，李宇就抢着问：“只能捐衣服吗？”“这容易，看看这张宣传纸就能明白。”唐明浩得意地说。“可以捐宠物衣服吗？”“捐的衣服都给谁了，你知道吗？……”看着唐明浩的表情，他显然是被问住了。思考了片刻，唐明浩说：“我也不了解，不过我拿这些来就是想和大家一起研究旧衣服捐赠问题的，谁愿意参加？”“我！”“我也参加。”不一会儿，捐赠旧衣服调查小组就宣告成立了。

案例分析：

在综合实践活动中，教师要把选择活动主题的权利还给学生。教师在给予学生支持与鼓励的同时，还要静静地等待活动主题在他们头脑中生发与明确，避免急于求成。此外，综合实践活动要注意从现实生活中挖掘题材，鼓励学生通过对家庭、学校、社区的广泛调查确定活动主题。

（二）方案制订的原则

活动方案主要包括活动主题、活动目标、活动方式、活动内容、预计成果展示方式等。制订活动方案时，应注意：

1. 群策群力，集思广益

要把制订方案的过程看成是发动与组织学生的过程，广泛听取学生的意见，以确保活动计划贴近实际，合理、有趣，便于实施。

2. 实事求是，量力而行

教师应对各种主客观因素进行充分的估计和分析，从人力、物力、财力、时间、学生多方面进行审视，提高方案的可操作性，保证活动的顺利进行。例如，有些活动是跨学科的，这就需要考虑指导教师的水平与能力、学生的接受程度等。

3. 具体细致，逐一落实

活动时间、人员分工、内容、总目标、阶段目标，必须一一细化，以增强活动的计划性、减少盲目性，增强方案的指导性。

4. 机动灵活，留有余地

在保证计划严肃性的同时，如果情况确实有变化，计划也必须根据实际情况进行修改。另外，计划不能安排得太紧密，要留有余地。

二、实施阶段

扫一扫

某小学综合实践活动实施全过程

（一）创建活动开展的条件

小学综合实践活动课程的实施需要教师配合创建活动开展的条件，例如，配合学生准备图书资料、网站地址、实验器材、活动工具等，以及提前教给学生一些使用工具的能力和技巧等。

（二）指导学生搜集、筛选材料，形成结论

在活动的开始阶段，教师应结合实例对学生进行一定的基础指导，引导学生通过多种途径来收集信息，帮助学生掌握查资料、做访谈等方法，然后根据主题整理和归纳资料，在大量的资料中筛选可用的素材。这种筛选能力有助于培养学生对信息的准确把握，而不至于面对繁杂的信息失去了主见。有了材料的支持，学生还要学会以此为基础进行推理、分析、概括，形成自己的想法，形成结论。

在搜集、筛选材料时，要注意以下方面：

（1）确定人员，制定记录任务，进行培训。在综合实践活动的分工阶段，既要尊重学生的自主选择，也要适当地给予指导和调整。比如，在确定活动资料记录小组的时候，就要动员和说服那些责任心强、记录能力强、细心的同学加入，并要进行任务的分配和梳理。对前几次记录要进行认真指导和培训，在过程中培养学生搜集信息、分析信息的能力。

（2）引导学生进行记录方式设计，明晰活动过程。通常可采用表格式、日记式、过程式等方式来进行记录。

（3）建立个体档案袋，让学生收集和记录自己的活动资料。

（4）筛选材料时，注意筛去重复、过时的资料，保留全面、完整、深刻和正确阐明所要研究问题的有关资料，以及含有新观点、新材料的资料，但对孤证材料要特别慎重。

（三）监督活动方案的落实

在方案落实的过程中，教师要激励学生，主动与学生沟通和交流以激发他们的活动兴趣。另外，要充分发挥小组长的监督作用，不定期展示阶段成果。

（四）指导学生记录活动过程中的体验和感受

教师应鼓励学生建立个人小档案，以便记录自己的行动与发现、困惑与欣喜、成功或挫败等，这些都是学生收获的丰富体验，可以为以后的总结和评价提供依据。

由于小学综合实践活动课程具有开放性和广延性，使得我们在活动的过程中不可能完全按预设来推进整个过程，活动中会出现许多新的问题，教师们一定要重视生成性问题，把解决问题当成对学生进行培养和锻炼的机会。

三、总结阶段

（一）总结交流

总结交流既是对综合实践活动过程中的表现、成果质量的检查，也为同学们提供了共同学习、交流成果的机会。综合实践活动课程的总结交流要注意以下几点：

1. 注重交流形式的多样性

教师应努力激发学生的创造力，指导学生运用多种形式展示活动成果，避免形式单一或雷同。总结交流的形式有静态和动态之分，静态的如一篇论文、一份调查报告、一幅绘画作品、一件模型、一本实验日记或记录等；动态的如一场演讲、一个节目、一场比赛、一次讨论、一次操作演示过程，如图 6-3 所示。静态的成果展示可以发挥墙壁和橱窗的作用，如贴报纸、展示小制作等；动态的交流不仅有班内、校内的交流，还有校外、社会上的交流，这样有利于主题的深入和拓展。

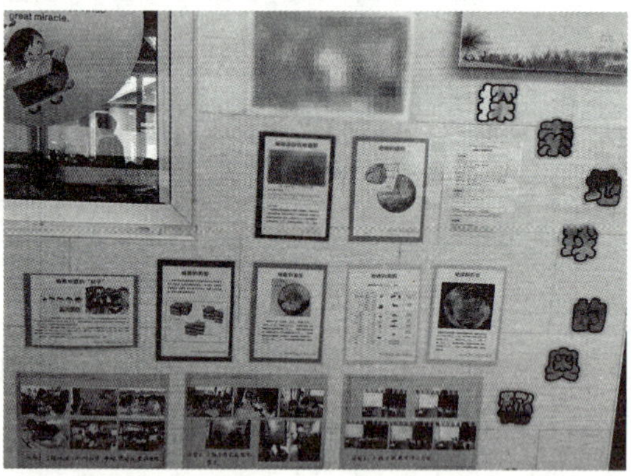

图 6-3　静态与动态交流形式

2. 强调交流成果的真实性

小学综合实践活动成果的展示重在让学生获得体验和感悟，取长补短，起到共同学习、激励探索的作用。因此，教师要引导学生把自己活动中的经验、体会、发现及作品展示出来。应注意的是，成果的交流与展示是学生真情实感的流露，教师不应该将成人的想法强加给学生，对学生施加“某种”要求，否则，学生将会一味地追求“老师想要的”，而不是展示“自己思考的”。另外，成果展示是一个发现自我、欣赏别人的过程，展示并非最终目的。因此，教师应避免在展示中评优评奖，防止出现“为展示而展示”的情况。

3．启发提升，拓展主题

活动总结交流最终要落实到学生的情感体验、创新精神和实践能力的培养上，要培养他们关注社会、自然，加强与社会、生活的联系，改变学习的方式，形成对个体和社会生活方式的思考力和判断力。因此，在活动总结交流中，教师要抓住机会，进行主题的拓展与升华。

【活动实例 6-8】

真诚的活动总结

山西省晋中市榆次区实验小学六年级开展了《家乡特产的调查与推介》的综合实践活动，学生叶子明写的总结是：我喜欢这次综合实践活动，尤其是到校外做社会调查。虽然刚开始我们遇到一些困难与挫折，但是我们在失败中吸取经验教训，把困难、挫折转化成前进的动力，最终圆满地完成了调查。“失败乃成功之母”，我相信今后我一定能做得更好！学生黄斌写的总结是：我在社会调查实践中有不少的收获，我懂得了调查的意义，我学会了和别人沟通的技巧，我体会到了家乡的魅力。如果下次还有这类活动，我一定还会参加。

（二）活动反思

活动反思以探究与解决课程设计、开发、实施的手段与技术为出发点，伴随着教师与学生的共同发展。教师将在反思中“学会教学”，学生将在反思中“学会学习”。活动反思能促进教师和学生以理性的方式审视自己的行为，帮助提高活动效率，并为今后的课程实施积累经验。

小学综合实践活动课程中的反思可分为活动实施前的反思和活动实施后的反思。

1．活动实施前的反思

这一阶段的反思要求教师对学生的需求、教师自身的教学能力、教学目标、教学策略等进行反思，可从以下问题入手：

① 综合实践活动的目标是否明确？

② 活动主题是否来源于学生的兴趣与需求？

③ 综合实践活动的内容对学生哪些方面的发展有利？

④ 学生参与活动的积极性会如何？

⑤ 学生对本次综合实践活动的哪个方面可能会最感兴趣？

⑥ 自主活动中，学生在哪些方面需要得到教师的指导？

⑦ 上次综合实践活动实施中最失败的地方在哪儿？本次综合实践活动中如何改进？

⑧ 是否有相对完善的综合实践活动方案？

⑨ 综合实践活动方案是否具有可操作性？

⑩ 学生是否具备与活动相关的知识与能力？

⑪ 本次综合实践活动还需要得到哪些方面的支持？通过哪些途径获得这种支持？

⑫ 如何做好学生活动情况的记录？

2．活动实施后的反思

这一阶段的反思需要教师对活动实施过程作出评价和判断。在反思过程中，教师可以追问自己：活动达成了规划目标中的哪些方面？实施中改变了方案的哪些内容？哪个环节中学生收获最大，属于哪个方面的收获？我参与了活动的哪些环节，是否存在包办行为？我对学生进行了哪些方法上的指导？学生所得经验会对哪些方面的发展有所帮助？……反思这些问题，教师可以清醒地意识到自己指导行为的价值，在增加成就感的同时明确存在的问题，从而有效提高自身的教学能力。

总之，综合实践活动课程方案实施的过程就是将课程规划、方案落实到具体的活动中，通过教师、学生的积极参与，充分开发与利用课程资源，实现课程目标的过程。方案实施的过程是对方案制订的科学性、合理性、可行性的检验，是教师与学生活动能力得以展现并在活动中得到提高的过程。实施过程是最复杂的，有时根据方案来执行；有时由于设计方案时考虑不全面，需要教师完善方案；有时条件发生了变化，需要教师灵活调整策略。

【活动实例 6-9】

哭泣的共享单车

准备阶段

（1）选择和确定活动主题。在主题讨论过程中，很多同学都提及了身边的共享单车被人为损坏的情况，于是经过讨论，大家确定了“哭泣的共享单车”这一活动主题。

（2）制订活动方案，包括活动主题、指导教师、小组成员、活动目标、活动方式、活动内容、预计成果展示方式等，可用表格形式呈现，如表 6-1 所示。

表 6-1 ××小组活动方案

活动主题：	
活动目标：	
活动准备：	
组长：	指导教师：
小组成员：	
活动的时间、地点安排：	
活动条件和可能性分析：	
活动过程与方法：	
预计的活动成果：	
活动方案的可行性评价：	

实施阶段

（1）成立活动小组，研究活动方案。在自愿的基础上，同学们成立了“哭泣的共享单车”调查小组，走出校园从不同的角度去调查、了解共享单车被人为损坏的情况。有的实地考察被损单车，有的向单车维修人员咨询，有的从网上找资料。据学生们了解，单车损坏率高达 30%，有的单车被涂污了二维码，有的被拆卸了车座和脚踏板等零部件，有的甚至被拆得七零八碎。

（2）各小组交流调查结果。在进行了考察、采访、查资料的基础上，同学们结合调查的资料，通过师生互动、讨论质疑来梳理第一手材料，使调查更有条理。

（3）教师指导学生整理信息。教师在充分肯定学生做法的基础上对学生的调查结果进行归纳，帮助学生找到适合自己的调查方式和研究方法，并适时引导学生提出一个新的问题：如何治理共享单车被人为损坏的乱象？

（4）深入调查研究，为研究治理方案打下坚实的基础。学生从许多途径收集材料，如上网、采访、查书籍，在实践活动中深入调查研究。

总结阶段

（1）教师简要回顾活动情况，指出问题的严重性，激发学生进一步探索的激情。

（2）展示相关的治理共享单车的案例。

（3）各小组展示自己的治理方案，互相讨论，提出质疑。

（4）总结活动情况。

第四节　小学综合实践活动课程实施中的问题及对策

小学综合实践活动是新课程实施的一个亮点，当前，在理论和实践方面均取得了一些成绩。但是因其课程内容、资源开发、学习方式等方面都与学科课程有所区别，在实施过程中仍存在不少问题。只有正视这些问题，采取有效的应对举措，才能确保课程的顺利实施和深入推进。

一、综合实践活动课程实施中的常见问题

（一）课程观念落后

1. 从地方和学校层面看

综合实践活动所提倡的探究性学习方式在欧美等国已经成为学习各门课程的普遍方式，但在我国是作为一门课程来强力推介的。它既是新课程改革的亮点，也是难点。因为没有考试升学的压力，没有具体评价这门课程开展成效的标准，所以很多地方和学校没有深入体会国家相关的课程政策，只将其作为可有可无的课程，或是作为“挂在墙上的摆饰”，有名无实，实施没有力度或干脆不实施的情况也普遍存在。还有一些学校是以书本和教室为中心，按部就班地在封闭的教室里“教”综合实践活动。这样，学生的学习方式依然是接受性学习和模仿性学习，缺乏研究性学习、社会参与性学习、体验性学习等学习活动方式。这与课程的性质是相背离的，也难以发挥课程价值。

2. 从教师层面看

部分教师没有完全理解综合实践活动中的课程理念，把综合实践活动课程当作学科课程去教，有些教师忽略了综合实践活动课程“自主实践”的基本特征，耗费了大量的精力，从确立活动主题到实施活动方案、评价活动结果，一手包办。此外，还有部分教师缺乏一定的专业素养、实施水平，导致课程的实施没有章法。

阅读资料

弘扬工匠精神　争做有为教师

“工匠精神”，从字面上看，是一种“精雕细琢，精益求精”的精神。从本质上讲，“工匠精神”是一种职业精神，它是职业道德、职业能力、职业品质的体现，是从业者的一种职业价值取向和行为表现。在新的时代弘扬和践行“工匠精神”，须深入把握其

基本内涵、当代价值与培育途径。

作为教育工作者应弘扬工匠精神，不忘初心，在人才培养方式上厚植工匠文化、恪尽职业操守，为推动中国经济的发展起到传承技艺的作用。一个大国的崛起，在一定意义上就是教育的崛起。教育的大发展，是国家重视的结果，教育普及离不开教师队伍的壮大，有了高素质的教师队伍，就会有一流的教育质量。要打造高质量的教师队伍，必须让教师具有工匠精神。

重拾工匠精神，对教师教育的启示有一下几点：

爱岗敬业，尽职尽责

做一名好老师应该有职业之爱。干一行，爱一行，既然自己选择了教师这一职业，就要把自己的这份职业当成一种事业来对待。只有有了对事业的执着和热爱，崇高的使命感和责任心才会油然而生；只有有了对事业的执着和热爱，才会热爱学生；在工作过程中高标准要求自己，时刻规范自己的言行。为人师表，以身立教，乐于奉献，不计个人得失，一切服从工作需要，自觉地积极地为每一位学生的健康尽心尽力，尽职尽责。

加强学习，提升自身素质

俗话说："活到老，学到老。"教师要不断学习，掌握扎实的专业基础知识和渊博的文化知识。教师的专业知识是教书育人的资本，是将学生培养成才的必备条件，是教师必备的业务素质。只有这样才能培养出高素质的对社会有用的人才。

与时俱进，勇于创新

"创新是一个民族进步的灵魂，是一个国家兴旺发达的不竭动力。"尤其在知识经济时代，科技发展日新月异。面对经济飞速发展的时代，面对新一轮课程改革，面对新时代的学生，做一名好老师，要与时俱进，勇于创新。不断探索新的途径方法，以学生为主体，课堂不教死书，死教书，不能像以前一样，就课本教课本，而要更新观念，创造多样化的教学方法。挖掘孩子的优点和长处，发展孩子的个性。

有一位老教师曾经说过："每位老师都要热爱教育事业，每位老师都要热爱我们的孩子。千万不要把孩子估计错了，估计少了，估计小了。孩子们的事没有一件是小事。他们的事在老师心中应是大事，要事。把小孩子的事做好就是我们老师的责任。做好了我们会感觉活的很有意义。"

3. 从家长层面看

当下，应试教育的思想仍然存在，一系列升学考试像以"考"定性的指挥棒，让广大家长认为，参与综合实践活动浪费了孩子的学习时间，影响了学生的学业成绩，因而不支持孩子们的探究实践活动。

（二）组织管理乏力

1．从教学管理层面看

一些地方教研部门根本没有专职的教研人员和管理人员，往往都是由其他学科人员兼任。大部分学校有音、体、美、科学等专职教师，但鲜少有综合实践活动专职教师，也没有专门负责管理的分管领导和综合实践活动学科教研组。综合实践活动是教师的“副业”，综合实践活动是名副其实的“副科”，没有从管理上得到应有的重视。

2．从课程规划层面看

虽然综合实践活动课程强调“从学生中来，到学生中去”，突出学生的自主性，但若没有学校的统筹规划，势必各自为政，不成体系。现在，仍有部分学校没有很好地开发综合实践活动课程资源，没有形成总体规划方案和常规的实施模式。教师也没有制订活动指导计划的习惯，尤其欠缺对系列主题探究的总体方案规划，“东一榔头，西一棒槌”的现象仍然存在。

3．从课程开展层面看

现在，各校已将综合实践活动课程纳入了学校课程计划，写进了班级课表，但真正开展落实的力度却不够，甚至一些学校的课表上依然写着“综语”（由语文老师兼代）、“综数”（由数学老师兼代）、“综英”（由英语老师兼代），落实到开展层面就变成分别多上了一节语文课、数学课、英语课，硬生生地将国家课程规定的每周平均 3 课时的综合课割裂开来，变成了形式主义。

（三）实施过程欠妥

1．学科化倾向严重，忽视综合性

由于有些教师对综合实践活动的本质特征把握不准确，实践中就出现了一系列问题：课程特点不突出，与学科教学纠缠在一起，套用学科课程的逻辑，带有明显的学科特点，或直接上成了学科知识拓展课，按照学科课程的上课方式来“教”，只在中间加入一些活动，便冠其名曰“综合实践活动”。在活动开展过程当中，许多教师往往不能将学科知识的掌握和学生综合能力的发展两者的关系处理好，最终的结果是偏重了学科知识的掌握，忽视了能力的发展。

课堂讨论

你认为怎样做才能使传统学科与综合实践活动课程的“互不纠缠”？

2．过分关注活动结果，忽视活动过程

综合实践活动关注结果，但更注重过程。但是，当前在对综合实践活动课程的评价上，一些学校、教师将活动的过程和结果孤立起来，甚至出现对立现象。许多学校领导在进行

综合实践活动检测时，往往更在意学生的展示是否精彩、作品是否成功、PPT 是否丰富、调研报告是否有质量等。这也就导致了教师过多地把目光聚焦在活动的结果及展示上，甚至进行多次排练，只为了最终汇报时的“精彩亮相”。这样过分夸大了结果的重要性而忽视了课程自身的基本理念，背离了综合实践活动的目标设定。

3. 教师全程跟进不足，缺少章法指导

有一部分教师还是把综合实践活动课程简单地理解为开个题、结个题，就算完成了任务。学生有没有去活动、怎么活动的，并不去关注，更谈不上随时跟进、了解进度、及时指导，导致学生的活动流于形式，达不到理想效果。

4. 活动主题脱离小学生现实生活

活动的主题应该从学生自身的兴趣和需要出发，但因有些学校和教师没有指导学生对活动主题加以甄选，出现了一些成人化的主题，如“职业规划”“农村经济情况调查”等，这些主题太大了，脱离了小学生的现实生活和认知领域，很难激发学生发自内心的兴趣和主动学习的欲望，有时甚至会引发学生的反感情绪。

5. 学生个人学习和小组合作的关系处理不当

小组合作是综合实践活动课程最重要的学习方式。但在实践中，小组合作学习却很容易成为学霸的个人秀。在综合实践活动的各个环节中，相对活跃的几位学生掌握着小组的发言权，一些较为内向的学生往往得不到公平的学习和锻炼的机会，这会导致一部分成员学习探究的兴致越来越低。

二、课程实施过程中常见问题的对策

针对以上种种问题，应采取有效措施，加强课程的实施，落实具体的活动。具体可以从以下四方面着手。

（一）完善制度，推进课程深度实施

国家相关部门应针对综合实践活动课程的具体实施情况，进一步完善《综合实践活动课程指导纲要》，建立综合实践活动课程调研、评估、研究指导与调控的常规机制。各地要组织精英力量，成立课程管理机构，各校要建立综合实践活动课程指导小组，同时建立课程分级审查制度，认真制订学校课程规划。各年级要根据学校指导规划制订年级活动规划，各班再结合年级规划方案形成班级的具体指导方案。各级部门应分层把关，以强有力的行政和制度推动课程的深度实施。对担任综合实践活动的指导教师，在职称评定、工作量认定上还应有所倾斜，以激发教师的参与热情。

（二）多方联合，加强课程资源建设

地方教育部门要高度重视综合实践活动课程资源的建设，协调各校与社会公共机构，

如科技馆、图书馆、博物馆等校外机构的关系；地方行政部门也要明文要求机关、企事业单位和科研院校等大力支持学生的社会活动，从而建立区域资源交流和共享的日常机制，为学生活动提供无限宽广的空间。同时，学校也应主动加强与家庭及社会相关部门的联系和沟通，积极开发课程资源，并在实践活动中形成学校的常态化课程资源库。

扫一扫

教育基地里的综合实践活动

（三）强化培训，促进指导教师成长

从课程管理的角度看，应加强对指导教师的培训，培训内容包括如何加强综合实践活动的课程内容规划、目标管理、过程管理，如何进行课程实施质量（包括学生活动质量、教师指导质量）的监控评价，如何理解综合实践活动教研活动与学科教研活动的联系与区别等。除以上培训内容外，更要从实践层面对指导教师加以培训，让教师们明晰理念和过程，做到心中有章、指导有法，从而胜任综合实践活动的指导教师工作。

（四）积极筹划，提供经验分享平台

学校要加强学校和教师间的交流和共享，可通过经常性的课程教研活动，结合具体活动案例展开专题研讨，帮助指导教师解决困难和问题，不断提高其活动指导水平。学校在完成实践活动课程内容规划后，要组织教师进行交流研讨，通过互相交流进行思想碰撞，从而把课程规划变成每一位指导教师的指导实践。

思考与练习

1．简述小学综合实践活动课程实施的特点。

2．如何理解小学综合实践活动课程实施的家长主体任务，并举例说明。

3．按照小学综合实践活动课程实施的过程，教师应怎样指导学生实施以“社区菜篮子工程——方便社区居民买菜”为主题的综合实践活动。

4．阅读以下案例，分析评价教师指导过程中存在的问题。

林老师是科学课老师，而且酷爱薰衣草。学校开展综合实践活动课程的时候，她主动要求指导一个小组。第一次与小组学生见面时，她问：“同学们，你们觉得薰衣草美不美啊？”“美!”“那我们这个学期来研究薰衣草，好不好啊？”“好!”研究课题就这样轻轻松松地确定了。林老师又拿出自己精心准备的活动计划发给大家，说：“老师已经把我们所要研究的内容和研究进度都安排好了，大家只要跟着这个计划走就行了。”于是学生们按照老师的计划，有步骤地研究薰衣草的特征、生活习性、种类、价值等。每次活动的内容都是查资料，或者在图书馆查资料，或者上网下载文字材料和图片。有一次一个学生提出：

“老师，学校附近公园里的薰衣草开了，我们可以去看看吗？”“不可以，学校规定上课时间没有批准不能外出。”还有一个学生说：“老师，我爸爸的一个朋友是植物园专门负责薰衣草的培育和栽培的，他对我们的研究很感兴趣。我们可以把他请到我们学校来吗？这样的话就可以对他进行采访了。”“这个主意倒是不错，可是如果那样的话，肯定要花两节课的时间，这样我们的计划就不能完成了，我看，还是以后再说吧。”期末，林老师宣布了评价方案：“大家根据自己收集到的资料做一份电脑小报，我会根据大家制作的情况打分，分数占这门课总成绩的 60%，平时表现占 40%。”

第七章

小学综合实践活动课程的评价

内容提要

小学综合实践活动课程对学生的发展是否起作用、起多大作用，需要用“评价”来检验。课程评价是课程设计的基本环节之一，对于课程整体水平的发展具有至关重要的作用。本章将从小学综合实践活动课程评价的基本理念入手，介绍小学综合实践活动课程评价的原则，重点阐述小学综合实践活动课程评价的内容和方法。

学习目标

- 了解小学综合实践活动课程评价的基本理念。
- 熟悉小学综合实践活动课程评价的原则。
- 掌握小学综合实践活动课程评价的内容与方法。

素质目标

- 培养不断自我更新和优化知识的良好习惯。
- 积极参与教学评价与反思，培养专业技能和职业素养。
- 践行多元化评价，打造和谐新课堂，有效促进学生素质的全面发展。

小学综合实践活动课程的评价，是指运用现代教育评价的理论和方法，根据活动特点、目标、过程、原则，拟定科学、公正的评价标准，对综合实践活动课程进行价值评判的过程。通过对综合实践活动课程进行评价，有助于强化学校对综合实践活动课程的管理水平，转变教师的教育观念，促进学生的全面发展，同时，也有利于挖掘教师的潜能，促进教师素质的全面提高。

第一节 小学综合实践活动课程评价的基本理念

小学综合实践活动课程评价的理念是指人们对小学综合实践活动课程进行评价时所持有的基本观念和认识，对整个小学综合实践活动课程的评价起指导作用，主要包括以下几个方面。

一、重视发展，淡化甄别与选拔

每个人都有独特的精神世界和心灵体验。在进行小学综合实践活动课程评价时，应将学生看成是有主见、有尊严、有感情的独立自主的个体。评价不是为了甄别和选拔“适合教育的儿童”，而是通过学生成长和进步的状况，帮助我们“创造适合儿童的教育”；评价是为学生的发展服务的，而不是学生的发展为评价的需要服务；评价不只是检查学生对知识、技能的掌握情况，还要考察学生掌握知识、技能的过程和方法，以及学生在情感、动机、信念、人生观等方面的发展。

阅读资料

尊重差异，创造适合学生的教育

著名教育专家冯恩洪在《尊重差异，创造适合学生的教育》的报告中指出，“听不懂的教育不是接受教育，而是忍受教育。”“21 世纪的教育是把东方和西方的教育结合起来，让每一个有差异的学生享受适应他们自己的教育。”“降低难度，扩大宽度、稳打稳抓。”……这些话值得每一位教师反思。

现在很多教师面对几十个学生，用一个教案，统一练习，完全没有注意到受教育者的差异。很多教师每天最头疼的就是检查作业，有些学生已经对完成作业没有丝毫兴趣，即使找家长也无济于事，原因很简单，作业的题除非是抄上去，否则根本就不会做。对于这些学生，学校生活无疑是一种煎熬，而各科教师为了整齐划一的教学进度，还要适当地迁就后进生，这样，课堂上尖子生“吃不饱”，后进生“吃不好”，效率可想而知。文科的语文政史还好，理科和英语的学习使两级分化越来越严重。所以，创造适合学生的教育已经成为我们当下及将来亟需完成的任务。

“创造适合每一个学生的教育”，是一种温暖，是一种关怀。“适合教育”就是强调以学生为本，追求人文关怀，引导学生的心灵走向真、善、美；强调教育要适合每一个学生的个性，适合每一名学生的实际需要，在尊重和理解的基础上为学生提供民主、科学的教育教学服务；强调整体大于部分之和，要让每一名学生都有发展。强调教育要与时代发展紧密结合；强调教育必须为学生的可持续发展奠定基础，把学生在成长过程中的自主性、选择性、倾向性还给学生。

总之，适合教育就是要吸纳古今中外一切科学合理的教育思想精华为学生的健康成长服务，并在此基础上赋予时代的特征，继续发扬创新，更好地为学生服务。

二、强调质性评价，定性与定量结合

定量评价和质性评价是评价的基本方法。定量评价适用于评价学生认知方面的发展，特别是测评学生对知识的记忆和理解情况；质性评价则适用于评价学生情感、态度、价值观等方面的发展。综合实践活动课程的评价内容具有全面性、综合性。因此，要把定量评价与质性评价结合起来。同时，由于学生发展的丰富性、学生个性的差异性及活动过程的多样性，使得综合实践活动课程的评价更加重视质性评价。

三、鼓励参与，实现评价主体的多元化

小学综合实践活动课程评价倡导评价主体的多元化，强调建立学生、教师、家长、管理者、社区和专家等共同参与的评价机制，以获得多渠道的反馈信息，更加有利于促进学生的发展。其中，教师的评价体现了教育目标和课程标准对学生发展的要求；家长的评价反映了家庭、社会对下一代成长的期待；同学互评可加深学生对评价标准的理解，进一步反省、提高自己；自我评价可以使学生养成自我反思的习惯、提高自我评价的能力。

四、注重过程，体现差异

注重过程还是注重结果，是新课程倡导的评价观与传统评价观的重要区别。在小学综合实践活动中，过程性要表现得更加突出。设置小学综合实践活动课程，从一定意义上说，就是要让学生获得活动的机会，学生有没有积极地参与活动、在活动中有哪些具体表现，是课程评价最需要关注的。因此，在综合实践活动中对学生进行评价时，不应该过于看重

学生所获得的知识的多少及作品的优劣，而应特别关注学生参与的态度、解决问题的能力和创造能力，关注学生学习的过程和方法，关注学生的交流与合作情况，关注学生的动手能力及其所获得的经验与教训。同时要注意评价的激励性，鼓励学生发挥自己的个性特长，施展自己的才能，努力形成激励广大学生积极进取、勇于创新的氛围。

第二节 小学综合实践活动课程评价的原则

一、主体性原则

主体性原则就是在小学综合实践活动课程评价中始终坚持以学生为出发点，把学生的主体地位在评价中落到实处，充分发挥学生的主体作用，强调以学生自评为主。

综合实践活动课程评价的主体是多元的，但最具意义的是学生的自我评价。学生对自己在综合实践活动中的表现具有绝对的发言权，只有学生才能真实地评价其实施过程是否满足自己的需要，其他主体的评价只有被学生认同才能发挥评价应有的功能。因此，在综合实践活动中要重视学生的自我评价与自我接受性评价，充分体现学生主体性原则。

二、发展性原则

发展性原则是指综合实践活动评价的重点应放在学生发展水平、发展程度和发展层次上，关注学生的体验过程，以及在探究过程中形成的情感、态度、综合能力等，引导学生进行自我反思性评价，将课程评价转化为学生持续发展的内在动力，不断提高学生的综合素养。

著名教育心理学家霍华德·加德纳提出的“多元智能理论”，认为人的智能至少可以分为七种类型，具体到个人表现有所不同，而适当的教育可以使每种智能都能发展到很高的水平。因此，综合实践活动课程评价应该关注学生学习策略的形成，为学生提供展现自己所知所能的各种机会。通过课程评价，帮助学生找到自己智能系统的强项和弱项，识别出自己的优势智能领域，然后及时调整课程，为学生提供发展优势领域的机会，或者鼓励优势不明显的学生努力发展其他潜力较大的优势领域，让各种智能都在综合实践活动中得以利用和发挥。这样的课程评价才有可能为学生的发展提供契机，从而促进学生创造性地发展，逐步实现全面发展。

阅读资料

激发潜能，绽放精彩童年

小D是五年级的一名女生，安静腼腆，自尊心强却又不够自信，希望得到老师的关注，却不敢大胆举手发言。她坐在最后一排，我接手他们班信息技术课两周了，对她没有什么特别的印象。

五年级上学期信息技术课主要学习智能机器人程序的编写。在《智能宝宝高高兴兴跳起来》这节课上，我做了简单的介绍之后，就让孩子们自己动手设计程序，教室里瞬时响起了键盘敲击的交响乐。看到同学们认真地探究任务，我非常满意，但也担心这个任务的难度对于五年级学生来说有点过高，于是我在教室内来回巡视，希望能够帮助有困难的同学。

当走到小D身边的时候，我震惊了。她的仿真系统桌面显示出美丽的菱形雪花图案，银白色的线绘制的雪花，在黑色的仿真环境中，显得那么光彩夺目。我赶紧打开她的程序页面，她写的程序非常有条理，并且灵活地运用了“多次循环模块”，使程序变得简洁易懂。于是，我用教师机广播演示了她的程序设计，并让她为同学们介绍了编写经验。她虽然还是有些腼腆，但很高兴。

课后，我邀请她参加信息技术兴趣小组活动。她先是有点惊讶，随即非常欣喜地答应了。在接下来的信息技术小组活动中，她的出勤率总是最高的。后来，在程序编写这个模块，我任命她为小老师，负责帮助编写有困难的同学，并且引导她把经验介绍给大家。渐渐地，她的笑容多了，上课发言也积极了，整个人都散发着自信的光芒。

三、过程性原则

过程性原则就是以过程作为评价的价值取向，评价指向教育过程本身，关注教育活动的内在价值。

与传统的教育课程较多地注重学生的学习结果相比，综合实践活动课程特别强调过程。综合实践活动课程的评价不应过多地看重所获知识的对与错、作品的优与劣，而应关注活动的内在价值，即整个活动的过程，既包括对过程的评价，也包括在过程中进行评价。实施过程是最优化的，实施结果才有可能是最好的；实施过程是不科学的、不优化的，其实施结果也不可能是优秀的。所以，综合实践活动课程的评价不仅要关注学生活动成果的质量，更要关注学生的参与态度、解决问题的能力和创造力，以及获得的直接经验与教训。

四、综合性原则

评价的综合性原则是指评价内容要综合考虑各评价主体和各种方法的综合运用，要兼顾认知、情感与动作技能各个方面，进行综合整体地评价。

综合实践活动课程具有很强的综合性，从目标上看，综合实践活动课程强调态度、能力、知识综合性的培养，不仅关注学生知识技能的习得和智力的发展，而且关注学生情感的体验、态度的养成和价值观的确立；从内容上看，综合实践活动课程不以单一的学科知识为中心，而是以跨学科的综合性知识为中心，强调学科间的联系及知识的综合运用；从活动方式来看，综合实践活动课程强调一切有利于学生活动积极性和探索欲望的活动形式，强调活动形式的丰富多样。

因此，综合实践活动课程的评价要遵守综合性原则，综合地运用各种方法对活动进行评价，以达到开设综合实践活动的目的。

五、真实性原则

评价的真实性原则要求把学生在真实情况中的真实表现作为评价的基础，并对学生将来在真实生活中的表现有一定的预见价值。

传统课程评价重认知轻情感，重知识轻能力，重理论轻实践，重再现轻创造，缺乏与真实生活情境的联系性和相似性。学生在这种评价中所得分数并不能全面而准确地反映他们的真实状况，而且对他们在未来现实生活中的表现很少有预见价值。教育的真正价值在于学生解决现实生活中问题的能力。因而综合实践活动课程的评价应具有真实性和情境性，以便使学生在真实情境中表现出对现实生活的领悟能力、创造能力，表现出他们真实的情感、态度和价值观，从而促进教师在坚持统一目标的前提下，对不同的学生提出不同的要求，使具体的活动安排和指导更具有针对性和有效性。

第三节　小学综合实践活动课程评价的内容

小学综合实践活动课程评价的内容主要涉及学校评价、教师评价、学生评价三个方面，其中最基础、最核心的是学生评价。

一、学校评价

小学综合实践活动课程的学校评价是指对学校领导及教师的课程认识水平，以及学校的课程规划与管理水平等的考察，侧重于对学校综合实践活动的课时安排、师资安排、课程资源的开发与利用、学校对综合实践活动课程实施的管理等的评价。学校评价可以提升学校及教师对课程的认识，强化学校对综合实践活动课程的管理，促进小学综合实践活动课程的常态化实施。评价内容主要包括以下几方面。

（一）课程设置

具体评价内容如下：

① 目标设计是否与国家课程指导纲要精神保持一致；
② 目标设计是否与地方课程开发思路相一致；
③ 目标设计是否从学校课程开发的现实情境出发；
④ 目标设计是否充分基于学生的经验基础；
⑤ 目标设计是否考虑了学生的兴趣爱好；
⑥ 目标设计人员构成是否合理；
⑦ 活动领域规划是否与地方课程开发保持内在联系；
⑧ 活动领域规划是否与校本课程开发思路融为一体；
⑨ 活动领域是否反映学生现实生活需要；
⑩ 活动领域是否反映了地方与学校特点；
⑪ 活动领域开发人员构成是否合理；
⑫ 活动主题设计是否与学生兴趣爱好保持一致；
⑬ 活动主题是否与社会现实生活密切相连；
⑭ 活动主题系列是否体现学生心理发展阶段特征；
⑮ 活动主题时间设计是否合理；
⑯ 活动主题设计人员构成是否合理；
⑰ 活动内容是否与学生生活密切相连；
⑱ 活动督导计划是否健全；
⑲ 学生活动情况登录措施是否配套；
⑳ 活动指导制度是否配套。

（二）方案和计划的制订

具体包括是否制订了学期综合实践活动课程计划，是否制订了分年级的计划，计划的制订是否体现学校和地方特色、是否有切实可行的操作性措施等。

（三）组织机构的建立

具体包括学校是否成立了课题研究工作小组，结构是否合理。一般情况下，课题研究工作小组由教研室负责，一名校级领导主抓，少先队辅导员、班主任为课题组成员，学科教师、学生家长、社会有关人士为指导教师。

（四）校本培训的开展

具体包括学校是否进行了校本培训，内容、形式和效果如何。

（五）管理制度的建立

具体包括学校是否建立了相应的管理制度以保障课程的有效实施，是否将综合实践活动课程的开发工作纳入学校教学计划，教务处是否定期对综合实践活动课程的实施进行检查、指导和评估，相关方面的协调工作如何，是否科学合理地计算了综合实践活动课程指导教师的工作量，对实施综合实践活动课程成绩突出的教师的奖励措施如何等。

（六）资源的开发利用

具体包括地区优势资源和特色资源的开发、学校人才资源的利用、信息技术资源的开发利用状况等。

（七）学校的文化氛围

具体包括是否通过综合实践活动的实施营造了良好的校园文化氛围，如观念文化、制度文化、物质文化、教育行为文化等。

综合实践活动课程的学校评价表示例如表 7-1 所示。

表 7-1　综合实践活动课程的学校评价表

总体项目	具体项目	评价等级			
		A	B	C	D
课程建设思想	明确育人目标				
	活动整体规划				
	整体框架构建				
课程管理	设置课程				
	健全组织				
	开展校本培训				
	制定管理制度				
课程资源开发与利用	校内资源				
	校外资源				

表 7-1（续）

总体项目	具体项目	评价等级			
		A	B	C	D
课程建设	课程内容的开发				
	课程的实施				
	课程的评价				
课程实施效果	促进课程的创生与完善				
	有利于学校文化的重建				
	促进学校与社区的互动				
课程实施效果	促进师生活动方式的转变				

注：评价可以分为 A、B、C、D 四个等级，A 代表好，B 代表较好，C 代表一般，D 代表差。

二、教师评价

小学综合实践活动课程的教师评价是指对综合实践活动课程指导教师的素质和教学效果进行的评价。评价目的并非给教师排队、分等级并以此进行奖惩，而是给教师提供信息反馈和咨询服务，明确正确的课程导向，帮助教师总结和反思教学的优劣，分析问题产生的根源，从而改进教学，提高专业水平，培植和发展健康的教师文化，建立优秀的教师集体，提高学校的办学水平。

综合实践活动课程的开放性、综合性等特点对教师的素质要求很高。对综合实践活动的教师评价要依据每一个主题活动而定。一般而言，评价内容包含以下几个方面。

（一）课程实施与开发的能力

小学综合实践活动课程没有现成的教材和固定的模式与套路，它要求教师既要承担课程开发的任务，又要肩负课程实施的使命。综合实践活动指导教师要具备较强的课程开发和研究能力，以及强烈的责任感和事业心，坚强的意志和拼搏精神，不断的探索和创新精神等。开发出的课程应体现如下特点：活动项目内容全面，适合学生的心理、生理发展水平及学生的实际需要，具有促进学生深层次的发展的意义和价值，活动项目新颖别致、特色突出等。

（二）合理优化知识结构的能力

小学综合实践活动课程对于从事传统单科教学的教师来说是个不小的挑战。它需要教师具备丰富的通识性知识、深入的学科性知识、灵活的“教什么”和“怎么教”的条件性知识及变换情境的实践性知识。还需要教师有强烈的求知欲、敏锐的信息捕捉力和较强的理解与整合新知识的能力。

（三）较强的沟通与协调能力

综合实践活动的整合性打破了传统的教师单独任教一门学科、组织一个活动的局面，需要形成以教师为核心的团队力量。教师不仅要面对学生，还要协调学校的领导、同事、校外的学生家长和社会人士。这就要求教师具有较强的沟通与协调能力，能够有效地协调与各方面的关系，并加强合作。

（四）突出的设计与指导能力

综合实践活动课程因为没有现成的、固定的适合所有学校和班级的教材、教学参考书和教学大纲，活动的主题或课题也复杂多样，故要求教师具有较强的自主设计综合实践活动方案并有效开展特色活动的能力，同时善于指导学生进行有效的设计与学习。

综合实践活动教师应具备的设计能力主要包含选择活动主题内容的能力、制定教学目标的能力、制订活动方案的能力、预测活动情境变化的能力。指导能力主要包含教师指导学生转变学习方式，引导学生在综合实践活动中自主选择、主动实践、积极参与、交流合作、知难而进、随机应变，增加学生在活动中、在交流中、在探索中、在竞争中参与的机会，使其真正成为学习的主人。

（五）较强的综合评价能力

综合实践活动课程强调学生的主动学习、活动和探究，重在培养创新精神、实践能力和终身学习的能力，对学生活动的评价不能简单模仿传统学科学习的评价方法，应全面、综合考察学生确定问题、设计方案、执行方案、活动收获及后续探索等活动的全过程，客观评价学生学习活动的过程及产生的各种成果。教师具有较强的综合评价能力，才能在实践中建立起内容丰富、手段和方法多样、价值取向多元的评价体系。

综合实践活动教师评价表示例如表 7-2 所示。

表 7-2　综合实践活动教师评价表

<table>
<tr><th rowspan="3">评价项目</th><th rowspan="3">评价要点</th><th rowspan="3">评价标准</th><th colspan="8">评价等级</th></tr>
<tr><th colspan="4">自　评</th><th colspan="4">他　评</th></tr>
<tr><th>A</th><th>B</th><th>C</th><th>D</th><th>A</th><th>B</th><th>C</th><th>D</th></tr>
<tr><td rowspan="6">目标内容</td><td>1. 目标明确</td><td>达到端正态度、提高实践能力和综合知识水平、完善学习策略的培养目标</td><td></td><td></td><td></td><td></td><td></td><td></td><td></td><td></td></tr>
<tr><td rowspan="5">2. 内容综合</td><td>贴近学生的生活实践、社会实践、劳动技术实践、信息技术实践</td><td></td><td></td><td></td><td></td><td></td><td></td><td></td><td></td></tr>
<tr><td>内容综合、宽泛、新颖，符合学生身心发展的规律，促进个性发展</td><td></td><td></td><td></td><td></td><td></td><td></td><td></td><td></td></tr>
<tr><td>丰富学生的体验，培养兴趣爱好</td><td></td><td></td><td></td><td></td><td></td><td></td><td></td><td></td></tr>
<tr><td>引入多种信息</td><td></td><td></td><td></td><td></td><td></td><td></td><td></td><td></td></tr>
<tr><td>围绕主题，运用多门学科知识</td><td></td><td></td><td></td><td></td><td></td><td></td><td></td><td></td></tr>
</table>

表 7-2（续）

评价项目	评价要点	评价标准	评价等级							
			自评				他评			
			A	B	C	D	A	B	C	D
目标内容	3. 实践性强	次主题分量适当，有操作性								
		难易适当，实践性突出								
活动过程	1. 组织形式	走入社会，走进自然								
		组织形式多样								
	2. 学生活动	方法得当，体现探究式学习方式，如活动感悟交流、存在现象及原因分析、新问题的后续研究等								
		自主活动，主体性得到充分发展								
	3. 教师指导	教师是活动合作者、参与者、指导者								
		指导方法形式得当								
	4. 活动步骤	活动导入贴切、自然								
		学生亲自实践，动手、动脑、动口								
活动效果	1. 学生体验活动	自主思考、设计、操作和解决问题，有真实体验，陶冶情操、愉悦身心								
	2. 学生参与活动	学生主动活动面大、活动量大、获得实践锻炼								
		以活动促发展，能力得到提高								
	3. 学生知识面和学习策略	知识面有所拓宽								
		学习方法、方式多样，学会学习								
		具有创新精神和意识								

注：评价可以分为 A、B、C、D 四个等级，A 代表好，B 代表较好，C 代表一般，D 代表差。

三、学生评价

小学综合实践活动课程的学生评价是指对学生在综合实践活动开展过程中的表现、发展和变化的评价。评价不仅关注学生的活动结果或学业成绩，更要了解学生发展中的需求，发现和挖掘其多方面的潜能，帮助其认识自我、建立自信，提升其发展的自觉意识。

（一）参与活动的态度

学生参与活动的态度主要指学生在综合实践活动中的积极性和主动性。例如，是否积极参与每次主题活动，主动提出活动设想、建议，积极做好资料积累和分析处理工作；是否表现出不怕困难和辛苦、勇于合作，善于倾听、乐于分享等。

（二）对学习方法和研究方法的掌握情况

评价学生对学习方法和研究方法的掌握情况，主要是评价学生查阅资料、实地观察记录、调查研究、收集信息、整理材料、处理数据、运用工具、交流与表达等活动的水平。

（三）创新精神和实践能力的发展状况

学生的创新精神和实践能力的发展状况，可通过学生在实际解决问题中表现出来的创新思维、创造性解决问题的表现技巧和动手情况等反映。例如，是否敢于提出问题，以独特和新颖的方式解决问题，展示自己的学习结果；是否善于观察记录，能够综合运用相关的资料，积极采用多种多样的方法，生动形象地表达自己的学习过程和结果等。

（四）获得的感性经验和情感体验情况

评价内容主要包括学生在综合实践活动中获得的对自然、社会、他人和自我的整体认识情况，其良好的个性品质、思想意识、情感信念、价值观等的形成与发展情况，获得的成功或失败的经验与教训等。

当然，在进行学生评价时，也需要结合学校和学生的具体情况，灵活确定评价项目及针对每个项目提出更为具体的区分内容，如从参与度、感受度、提高度三个方面进行评价。参与度的指标包含不参加、被动应付、积极主动、出谋划策；感受度的指标包括无感受、有所愿受、感受深刻；提高度的指标包含无收获、有所发现、有所发展、有所创造和突破、能力有所提高。还可以从显性和隐性两方面设计评价指标，显性指标主要体现学生行为的变化，包含选择和确定活动主题、制订活动方案、实施活动方案和总结活动情况等。隐性指标主要体现学生情感、态度、价值观的发展，如学生参与活动的主动性和积极性、合作精神、社会意识等的发展和变化。

综合实践活动学生评价表示例如表 7-3 所示。

表 7-3　综合实践活动学生评价表

评价要点		自我评	家长评	同伴评	教师评
参与合作的态度	积极与他人团结合作（好）				
	能与他人合作（较好）				
	基本能与他人合作（一般）				
发现、探索问题的能力	善于思考，能发现并解决活动中提出的问题（好）				
	能按要求解决活动中的问题（较好）				
	基本依靠别人解决问题（一般）				
收集、处理信息的能力	经常主动收集有关资料，及时整理、归类、存放资料，有一定的条理，搜集的资料有价值（好）				
	注意收集有关资料，做好整理、归类和存放工作（较好）				
	帮助他人收集资料，参与整理，自己不能独立归类（一般）				

表 7-3（续）

评价要点		自我评	家长评	同伴评	教师评
持之以恒的研究态度	围绕研究课题自始至终认真参与研究，研究热情高（好）				
	能够按照计划展开研究（较好）				
	在别人的督促下展开研究（一般）				
完成成果的态度	按时完成研究成果，质量高，有一定价值，富有创新（好）				
	完成研究成果，有一定的质量（较好）				
	基本完成研究成果，质量不太高（一般）				
综合评价					

注：评价可以分为 A、B、C 三个等级，A 代表好，B 代表较好，C 代表一般。______同学在这次综合实践活动中自己认为可以得到（　）个 A，同学认为他可以得到（　）个 A，家长认为他可以得到（　）个 A，老师认为他可以得到（　）个 A。

第四节　小学综合实践活动课程的评价方法

一、对学校的评价方法

（一）学校自评

学校组织自评小组，通过查阅活动资料、问卷调查、实地访谈、观察等形式，有计划地开展自我评价活动。自评小组可由校长、教导处、综合实践活动课程的指导教师、学生、家长和有关社会人士等组成。自评小组撰写自评报告，内容包括自评过程、学校开展综合实践活动课程的基本情况、学生的发展情况、家长的反映、社会的反响、存在的问题，以及改进措施、建议或要求等。学校可以通过自我认识、自我反思、自我总结，来发现自身的得失，进而调整和完善工作计划，为今后的努力确定新的目标和方向。

（二）学校之间互评

组织学校之间进行自我成果展示是对学校综合实践活动课程开展情况进行评价的重要方式。这种评价有利于学校相互启发、相互质疑、共同探讨，从而使学校积极反思、取长补短、不断发展。

扫一扫

教育部基础教育司实地考察纯真小学综合实践活动开展情况

（三）教育行政部门评价

建立由教育行政部门人员、学校分管领导、骨干教师组成的评价小组，通过听汇报、座谈、实地观察等方式，有计划地开展工作，根据相应资料对学校进行全面、综合的评价并据此提出建议或意见。

通过经常性的自我评价、定期的互评和不定期的教育行政部门评价相结合的学校评价机制，可以充分调动学校领导和教师参与综合实践活动的积极性。

二、对教师的评价方法

小学综合实践活动课程的教师评价的目的在于提升教师设计和实施综合实践活动课程的能力，增进其反思和改进教学的主动性和自觉性，要着眼于此选择恰当的评价方法。常用的教师评价方法有以下几种。

（一）教师自评

教师自评是教师根据一定的评价指标，对自身素质、课程实施及开发等情况所作的评价。教师对自己的情况最熟悉，最有发言权，针对自身的评价也较容易进行，建立在诚信基础上的评价也将具有最大限度的契合性。教师自评能使教师主动、自觉地接受评价，及时、便捷地作出反馈与调整；也能不断提升教师的发展自觉性，增进其自我评价的意识和能力。

在评价指标方面，教师自评可以采用学校设定的评价项目与方法，根据学校的要求，对照自己的工作进行评价，及时调整指导方法与策略；也可以自行设计评价项目与方法，即在任务开始前设定活动目标，然后针对目标落实情况进行自我评价，及时反馈行动过程与成效；此外，还可以结合学校、学生、家长、社会等他人的要求进行自我评价。但由于教师自评易受主观影响，同时缺乏外界参照体系，不便于进行横向比较，为了确保评价客观公正，有必要进行外部他评。

（二）外部他评

外部他评是指与教师相关的他人对其素质、课程实施与开发等情况进行的评价。这些人包括教育主管部门领导和学校领导、相关专家、同行、学生、家长及社会人士等。其中，学校领导和同行评价是外部他评的重要组成部分，他们较为了解教师及其活动的目标、实施状况、评价标准等，相对而言，他们的评价比较全面、准确，并有利于形成良性互动的教师发展团队。同时，学生评价也不容忽视，学生是教学活动的直接参与者，也是既得利益者，他们拥有绝对的发言权，因此，应给予他们平等的评价教师的权利，尤其鼓励他们对教师在活动过程中给予的指导和帮助做出评价，提出自己的意见和建议，教师也应当重视学生的评价并做出及时的反馈。此外，家长普遍关注孩子的教育和在校的发展情况，很多还可能是教师的合作者，他们同样拥有评价教师的权利，而且，吸收家长的评价也将大大有利于增进家庭和学校的理解与合作。

进行定期和不定期的外部他评，可以充分调动广大教师参与综合实践活动的热情与积极性。要明确恰当的评价标准和指标，确定由学校、教师、学生、家长等多方代表组成的评价小组，制订透明的评价程序，并做到及时沟通与反馈评价结果，评价的形式也要力求多样，通过查看教师自评报告、座谈、实地观察、问卷、了解学生的发展、家长的反映、社会的反响等多种渠道对教师展开综合评价。

（三）部门日常考核

对教师进行日常考核评价，是学校职能部门行使课程改革管理权力的体现，也是进一步规范教师日常教育行为的一种有力保障。其考核的内容包括教师制订的综合实践活动课程指导计划、教案、学生活动情况记录、教学指导反思、学生活动案例分析、特殊生跟踪指导记录、期末教学总结、教育文献摘要和参加校内外教研活动的情况等。

（四）相关理论知识与技能测试

教师的理论知识水平和活动指导策略是综合实践活动课程要求的教师素养的要素构件。理论知识与技能测试虽然不是对这些相关要素构件进行评价的唯一手段，但也是对教师综合素养进行判定不可缺失的一个环节，包括对综合实践活动课程通识、课程评价要领、课题研究的基本方法、活动指导策略和计算机操作技能等的测试。试题的类型包括知识型和问题解决型两类。测试一般可采用笔试、问卷、答辩和动手操作相结合的办法进行。

扫一扫

小学综合实践活动
指导教师答辩

三、对学生的评价方法

小学综合实践活动课程的学生评价应重视对学生综合实践活动过程的评价和过程中的评价，注重评价的激励性、教育性和发展性，进而激发形成广大学生积极进取、勇于探索和创新的良好氛围。要使综合实践活动课程的学生评价科学合理，恰当地选择评价方法非常必要。

（一）当众口头评价法

当众口头评价是最直接、最快捷、使用频率最高、对学生影响最大的一种评价方法。有教师将口头评价经验总结为“低、小、勤、快”四字。“低”指低起点，根据不同学生的不同情况来定；“小”指小目标；“勤”指勤评价；“快”指“快反馈”。

阅读资料

不吝啬地表扬学生

2018 年，班里研究“走进社区，关爱他人”的主题活动时，我班公认的后进生苏云主动提出负责联系社区负责人（她的邻居）进行特困户、孤寡老人和残疾人的情况调查。由于她的主动积极，我们的调查很快顺利展开。我们首先上门采访了患有脑瘫的双胞胎姐妹刘伊、刘尔。当时刘伊正在锻炼站立，一向热情大方、爱说爱笑的蔡青青上前说明我们的来意后，就与她俩攀谈起来。刘伊由于激动和站立太久而双脚直抖，苏云见了忙上前扶着。其中几个男同学一直害羞地坐在椅子上，我悄悄地鼓励他们上前去采访，最终在我的鼓励下问了一个问题。回来的路上，我不停地称赞蔡青青的能说会道、苏云的能干和细心，对那几位腼腆的男同学，我则表扬他们成功地迈出了第一步。表扬之后，我及时地评价了他们在这次采访中存在的问题，使他们明白自己今后努力的方向。

（二）自我评价法

自我评价法是指学生按照一定标准对自己活动过程中的态度和活动成效所作的主观性评价。它是学生依据活动特点自己设定目标，然后实施具体活动，最后将活动结果与预定学习目标相对照而进行的评价。这种评价方法符合综合实践活动评价的依据来源于学生在活动中的亲身体验、细心观察和深刻感受，主张采用“自我参照”标准的要求，为学生加强实践活动体验，记录活动原始感受，以及由此产生自我内省提供了机会。

在学生进行自我评价时，尤其是初期，教师要给予适当指导和帮助，如引导学生制定恰当的学习目标，选择合适的方法解决问题，不断调控学习过程等。在选择评价项目和方法时可以采用完全由教师提供、部分由教师提供、完全由学生自主确定的递进方式，以便实现从以教师为主体的自我评价不断走向以学生为主体的自我评价的动态发展过程。

（三）观察评价法

观察评价法是指观察者有目的、有计划地观察、记录对象的活动而进行评价的方法。其优点是真实、便捷。进行观察评价，首先要明确观察的目的，其次设置详细的观察指标，然后进行全面细致的观察和记录，力求反映学生在不同场合下的行为表现，最后整理、分析记录，对学生的表现进行综合评定。观察评价可以用于教师、同伴对学生的评价，也可以用于学生的自我评价。进行观察评价，需要培养和提高观察者的观察能力，要乐于观察、善于观察，并根据需要进行全面观察和重点观察。

（四）档案袋评价法

档案袋评价法是综合实践活动课程中经常采用的一种质性评价方法。它主要是收集从课程开始到结束的这一段时间内，学生在综合实践活动方面的作品、评价结果及其他相关记录等资料，并以这些资料为依据对学生的学习表现、发展状况进行评价，以促进学生的能力、情感和知识在原有水平上的持续发展。

1．明确档案袋的目的和类型

进行档案袋评价，师生首先要考虑的问题是明确建立档案袋的目的是什么、档案袋将如何使用及它对学生有何帮助。在此基础上，教师向学生展示一些档案袋样例，简单介绍不同类型档案袋的特点，师生一起确定档案袋的类型。以不同的功能为标准，可将档案袋分为理想型、展示型、文件型、评价型和课堂型 5 种，如表 7-4 所示。为了张扬学生的个性，档案袋可以由学生自己选择材质并进行设计（见图 7-1）。但是，有一些必要的项目需要统一，如档案袋设计中必须包括封面、内容目录、内容项、材料收入日期、反思等。

表 7-4 档案袋的类型

类 型	构 成	目 的
理想型（ideal）	作品产生和入选说明，系列作品，学生对自己能力的反思	提高学习质量；帮助学生成为自己学习的思考者和非正式评价者
展示型（showcase）	主要是学生选择出来的自己最喜欢和最好的作品	给家长和其他人参加的展览会提供学生作品的范本
文件型（documentation）	根据学生的反映，教师的评价、观察、考察等得出的学生系统性、持续性的活动记录	以学生的作品、量化和质性评价的方式，提供一种系统的记录
评价型（evaluation）	主要是由教师、学校所建立的学生作品集（评价的标准是预定的）	向家长和评价者提供学生在作品方面所取得成绩的标准化报告
课堂型（class）	依据课程目标判断的学生成绩；教师对每一个学生的观察记录；教师的年度课程和教学计划及修订说明	在一定情境中教师与家长、管理者及他人交流对学生成绩的判断

图 7-1 各种样式的档案袋

2. 明确放入档案袋的内容

档案袋内容的制作过程本身也是综合实践活动过程的有机组成部分，学生作品的收集是有目的、有计划的，而不是随机的，所以要明确档案袋中到底要收入哪些内容。

为了比较全面地反映学生在综合实践活动过程中的表现，尽可能地对学生作出公正、客观的评价，档案袋中的内容应该包括反映活动过程的所有过程性材料和活动的基本成果，如活动计划、活动方案（包括原稿和修改稿）、活动记录、调查问卷、问题的提出与解决方案、研究报告、手工作品（初版、修改版、最终版）等。需要强调的是，学生是提交作品的质量的主要决定者，教师只是做宏观把握和引导。

知识链接

档案袋内容选择的原则

（1）既包括核心内容，也包括可选内容（展示学生特点的）；

（2）既包括成功的作品，也包括有问题的作品；

（3）每一个作品都要注明日期（完成日期和放入日期），以作为成长过程的证据；

（4）对每一件作品都有反思；

（5）材料形式多样，如书面材料、音频材料、视频材料等。

3. 确定档案袋的评定标准

评定标准决定了档案袋材料收集的规范性和评价的客观性、针对性。有了明确的评价标准，教师、学生和家长才能对评定信服，学生才能明白自己在何处取得了进步，在何处仍需努力。当然，评定标准应该由教师和学生共同商定，体现学生的主体性。评定标准要说明档案袋中每一份材料如何评定，并根据不同的活动主题确定不同的指标和等级。

4. 搜集和积累资料

当学生明确了档案袋的内容、意义及评定标准后，就可以根据个人的情况搜集和积累资料。在资料搜集的过程中，学生要有意识地思考自己将一份材料放入档案袋中的理由，学生之间可以相互帮助对方选择适当的材料放入档案袋。因为档案袋材料的收集是过程性的，指导教师可以规定上交档案材料的日期，并进行及时的指导和监督。

5. 对档案袋进行评价

学生制作完档案袋后，要对它进行评定，以此来评价学生的综合实践活动。综合实践活动评价的主体是多元的，档案袋评价也不例外，评价应以学生和教师为主，并吸收家长和其他人员的评价。不同评价主体评价目标要有一致性，并且都要参照评价标准来评价。

6. 总结和展示

档案袋评定结果的反馈情况做得好不好、及时不及时也会影响到档案袋评价的最终效果。所以，应该及时地对评价结果进行反馈和交流。为此，指导教师可以在每一个主题的综合实践活动过程中与学生进行交谈，讨论档案袋的制作情况以便及时发现问题并交流。档案袋评定完成后，学生可以以小组为单位介绍自己档案袋中的作品，交流自己的收获，互相学习。另外，可以以班级为单位，举行面向家长和教师的展示会，让家长有机会参观孩子们的成果，肯定孩子们的才华。

阅读资料

快乐成果袋的"魔力"

这个学期结束前，我邀请家长们来参加家长会，除了向家长反映学生的上课纪律和考试成绩外，还有一个目的是让家长们来欣赏孩子们的"快乐成果袋"。到了展示成果袋环节的时候，学生们都非常热情，好像掏宝贝似的一件一件地摆出来：有苹果型的卡片，卡片一面写着"聪明果"，另一面写着"你是个聪明的孩子，老师喜欢你"；有去敬老院帮助老人时拍的照片；有飞机模型；有读书笔记；有干花书签；还有"我的妈妈是超人"的光盘……

其中，刘浩宇小朋友的妈妈特别激动地说："以前他就是家中的'小皇帝'，后来却总是主动帮我做家务，用他的小手帮我捶捶背，还常常对我说'妈妈，我爱你'，他的改变都是因为这张他悄悄拍摄的光盘，让他体会到了妈妈的辛苦，让他懂得要照顾妈妈。我相信，他以后一定是一个非常体贴的小暖男！"

（资料来源：http://bbs.eduol.cn/forum.php?mod=viewthread&ordertype=1&tid=9710，有改动）

（五）协商研讨式评价法

协商研讨式评价法是指围绕学习目标，根据学生所处的年级及活动主题的不同，由教师、学生、学校、家长及社会有关人士等共同协商进行的评价。其评价的主体是多元的，评价的内容是多方面的，评价方式是研讨式的，评价的过程是民主、开放的。

协商研讨式评价是一种以学生发展为核心的激励性评价。它注重过程评价和结果评价相结合，以过程评价为主；自评和互评相结合，以自评为主；定性与定量相结合，以定性为主。

学生自评、小组评价和指导教师评价是协商研讨式评价的三种评价方法，最终由指导教师根据学生自我评价与小组评价的结果，分年级给出每个学生的学分与等级。协商研讨式评价适用于对综合实践活动过程、成果及活动方案设计等的评价。

阅读资料

和学生商定评价方案

每个学期初，我都会与学生共同商定本学期计划实施的活动主题，除此之外，我还会依据各个主题的实施重点提出评价要点，然后请同学们提出意见和建议，并就作业单的形式、汇报的形式、汇报的内容等一起展开讨论。这样不仅对本学期的主题有一个很好的规划，也对我们这个学期想要达到的一些教学目标有一个整体的预想。在主题实施的过程中，我们会根据前期商定的评价方式和评价内容、主题的生成情况，有针对性地在实施过程中调整评价方案。在每个主题实施的过程中，我们会对评价的方式和内容做到心中有数，大家共识多一些，异议就会少一些。

这种师生商定评价方案的优势体现在以下两个方面。其一，每个主题活动的评价和各教学内容的指导重点是紧密相扣的。在设置指导方案的时候，评价方式和评价内容是一起被确定下来的，针对性很强。其二，让学生参与评价方案的确定过程，注重培养学生的自主意识和自主能力。让学生始终明白，在主题活动过程中，在经历发现问题、解决问题、进行反思的过程中，需要考虑采用什么方式来展示和交流自己的成果。除了自己有所获，还要学会与小组成员分享收获，或者展示给其他组的同学。

确定主题的时候，如果把评价方式和评价内容排除在外，一切都是老师说了算，学生的积极性就会被削弱，而当我们和学生商议决定评价内容和评价方式的时候，学生的认同度会大大提高。比如说每个组在完成这个活动之后，我们需要学生提交作业单，提交作业单有不同的形式，有以个人的形式来提交，也有以团队的形式来提交。如果强制要求用某种形式来提交，学生就会有强迫感，从而产生对抗情绪。如果我们不仅在乎学生做了，还在乎他是否愿意主动去做，是否做得非常愉快，那么就要留一定的空间给他们。评价过程中，要让学生明白他有自主的空间，而不是老师专等着他们做完了给他们一个分数。这样，他们才会在这个过程中认真去琢磨，怎么能做得最好，并选择自己喜欢的方式去做。

（六）成果展示评价法

成果展示评价法是综合实践活动评价中最常用的方法之一，即将学生在实践活动的不同阶段所设计的小制作、小发明、手抄报，撰写的研究方案或设计方案、科技小论文、调查报告，拍摄的图片、录像等具体成果以学生喜闻乐见的形式进行展示，让学生感受成功、体会喜悦。这既是一个总结学生在综合实践活动中各种表现和活动成果的过程，也是师生之间、同学之间相互学习和交流的过程，还是学生发现自我、欣赏他人、共同进步的过程。

成果展示时间可以是随机的，也可以是阶段性的或总结性的；成果展示形式可以是论文、绘画、报告、制作等的静态展示，也可以是动态的汇报、辩论、演讲；成果展示范围可以是组内、班内、校内，也可以拓展到校外，如图 7-2 所示。进行成果展示评价要坚持以激励和交流为目的，依据活动主题的类型确定多样化的展示形式；同时依据学生的特点，采用个性化的展示形式，让学生尽可能通过展示体验成功；还要依据展示材料特点，引导学生采用最优化展示形式。评价过程中师生要共同商定展示的相关事宜，确保成果展示效果，发挥评价的发展性、激励性作用。

图 7-2　成果展示评价

思考与练习

1．简述小学综合实践活动课程评价需要遵循的原则。

2．简述小学综合实践活动课程教师评价的内容。

3．选择一所小学，从档案袋内容、评定标准、资料收集和成果展示这几方面调查该校学生综合实践活动课程档案袋评价法的使用情况。

4．选择一所小学，与该校综合实践活动课程指导教师进行交流，共同探讨在学生评价方面采取了哪些评价方法，有没有需要改进的地方，并给出合理的建议。

第八章

小学综合实践活动课程的管理与建设

内容提要

小学综合实践活动课程的真正落实和有效实施，离不开课程的有效管理、课程制度和教师队伍的良好建设。本章主要介绍了小学综合实践活动课程管理的含义、意义、基本原则和主要内容，详细讨论和分析了小学综合实践活动的课程制度建设和师资队伍建设。

学习目标

- 熟悉综合实践活动课程管理的含义、意义和基本原则。
- 掌握小学综合实践活动课程管理的主要内容。
- 了解综合实践活动课程制度建设的基本要求、组织制度。
- 掌握小学综合实践活动课程制度建设的主要内容。
- 了解小学综合实践活动中的师生关系。
- 熟悉小学综合实践活动中的教师专业素养。
- 掌握教师专业发展的策略。

素质目标

- 多角度思考问题解决方案，培养创新意识和发展意识。
- 强化自身对小学生的育德意识，并提升自身的育德能力。

第一节　小学综合实践活动课程的管理

一、小学综合实践活动课程管理的含义

小学综合实践活动课程管理是指教育管理部门和学校通过整合各方面资源，从制度建设、组织建设、队伍建设、资源建设等方面着手，在综合实践活动的规划、设计、组织、实施与评价等过程中采取措施，从而达到理想的课程目标的过程。

课程管理是一个全方位、多角度、协调统一的综合管理活动，具体来说，包括以下几个方面。

（1）从教育部门和学校管理的角度来讲，课程管理要从课程建设、课程开发及课程价值实现的角度来规划，形成适合的体制。

（2）从课程开发的角度来讲，意味着对这门课程要有价值的认同，并进行目标的设计、课程过程的协调、制度的确立或选择。

（3）从课程实施的角度来讲，管理是保证一门课程正常实施、有效实施不可缺少的重要工作。

（4）从指导教师和学生的角度来说，课程管理意味着对学生的帮助、适当的指导和促进。

二、小学综合实践活动课程管理的意义

（一）有利于提高课程实施的成功率

小学综合实践活动课程目标的达成必须经过课程实施环节，而课程管理是课程实施成功的保证。影响课程实施的因素很多，只有把这些因素组织、协调起来，才有可能提高课程实施的质量。教育行政部门和学校必须在认真考察课程实施的各种条件的基础上，有领导、有组织地协调人、物与课程的关系，提高课程管理的水平，科学指挥课程实施，使之达到预定目标。

（二）有利于提升教师的专业性

综合实践活动的课程管理是教师专业提升的一个重要载体和平台，在课程管理中，教师既是管理者，也是被管理者。学校的课程管理状况决定了教师参与课程发展与决策的程度，呆板、机械的学校课程管理模式必定束缚教师的手脚，限制他们教学主动性和创造性

的发挥，从一定程度上剥夺了教师的专业自主权。专业自主是教师专业化的必要条件，提高课程管理水平，能够最大限度地为教师专业自主提供条件和保障。

在参与课程管理的过程中，教师不仅要参加与课程相关的培训，还要参与课程管理、决策和建设、指导，这就要求教师系统地考虑影响综合实践活动课程实施的各种因素，对自己的思维方式、个人习惯、知识结构、指导方法等进行一系列调整。这样，随着教师教学理念、知识技能、反思能力、研究能力、创造能力等的不断提高，其专业化水平也在逐步提升。

（三）有利于增强课程的适应性

推行综合实践活动课程就要赋予地方和学校大幅度的课程自主权，其重要目的是为了增强课程的适应性。国家课程、地方课程、校本课程都必须经由教师规划、安排与运作，再由学生亲身体验，才有可能达成该课程预期的教育效果。综合实践活动课程管理能够为提高课程的适应性创造有利条件，并提供必要的组织和制度保障，从而让教师充分开发一切可以利用的课程资源，创设有利于学生发展的学习情景，提供个性化、创造性的教学。另外，校本课程开发的水平是衡量课程适应性程度的重要指标，加强学校的课程管理可以充分、合理地利用和协调人力、财力、物力，以保证校本课程开发的质量。

三、小学综合实践活动课程管理的基本原则

（一）三位一体原则

小学综合实践活动课程的管理应该遵循并体现出三位一体原则，即在保证国家对课程管理的宏观调控之下，地方和学校都具有一定的课程管理权限。各个管理主体之间既要分权，更要协调合作。这样的课程管理不仅能够充分发挥地方和学校课程管理的自主权和积极性，也为教师和学生的自我管理留下了较大的空间，有助于小学综合实践活动有效地推进和创造性地实施。

相关课程管理人员还要形成权利分享、责任分担的观念，明确在课程管理中的相应角色，履行所承担的课程职责，确保国家课程、地方课程的有效实施，合理地进行校本课程开发。同时还需注意，在课程管理中，不能用国家课程挤占地方课程、校本课程的课时，不能随意提高国家、地方规定的课程标准，也不能将校本课程变为国家规定的文化课程的延伸和补充。要正确处理国家课程、地方课程、校本课程之间的关系，保证各类课程的合理比例，充分发挥它们对学生发展的不同价值。

（二）民主性原则

民主性原则要求课程管理改变自上而下的课程组织方式，充分发挥相关主体的积极性，广泛吸纳来自不同利益主体的意见。在学校层面，要运用座谈会、研讨活动等多种方

式，了解课程实施情况，听取相关意见和建议，将学校课程决策和评价尽量建立在多数人共识的基础之上。学生的自主管理是课程管理民主化的最重要体现，因此，要提高学生对课程的选择权，依靠他们的才智，使他们的自主性管理在实践中得到锻炼。

（三）鼓励与引导原则

鼓励与引导原则是指在综合实践活动课程中，对被管理者的行为进行鼓励和引导，使他们明确自己的努力方向和工作、学习的重点。在三级课程管理体制之下，教育行政部门应该转换角色，鼓励学校自主开发综合实践活动课程，国家和地方只是对课程的开发和实施进行有效指导和服务，并对学校建立一支专兼职相结合的指导教师队伍进行引导。同时，学校领导和教学管理部门应该鼓励教师更新课程开发与实施理念，激发他们的创造性，促进其专业化发展。在学生管理中，鼓励学生发挥创新精神，引导学生主动参与实践，促进全面发展。

知识链接

三级课程管理

三级课程管理的基本模式是国家制定课程发展的总体规划，确定国家课程的门类和课时，制定国家课程的标准，宏观指导课程实施。地方教育行政部门根据国家对课程的总体设置，规划符合不同地区需要的课程实施方案，指导学校进行课程的开发与选用。学校在执行国家课程和地方课程的同时，开发或选用适合本校特点的课程。

四、小学综合实践活动课程管理的主要内容

国家是课程改革与发展的总设计师，需要对综合实践活动课程进行总体规划，制定综合实践活动课程的各项政策、课程标准、评价制度等。地方应根据国家的课程计划和课程管理政策，结合本地区的政治、经济、文化和教育发展的实际情况，制订适合本地区的综合实践活动课程计划和实施方案，如需在课程目标、课程结构、课时比例等方面进行重大调整，需经省级教育行政部门批准。同时，各地还要加强课程资源的开发和管理，建立课程资源开发中心，指导学校选用、优化和整合适合本校的课程资源，促进课程资源的共享。

学校是综合实践活动课程实实在在发生的地方，课程改革的目标与要求最终都要在学校这一层面得以体现。学校课程管理的主要内容有以下几个方面。

（一）制订课程规划和实施方案

综合实践活动作为学校的必修课程，应该有目的、有计划、有组织地开展。为了顺利开展综合实践活动课，学校应根据上级教育行政部门制订的综合实践活动课程设置方案、

课时要求及相关政策文件，对学校的综合实践活动课程作整体的规划和安排。主要包括制订学年、学期课程实施计划，对各年级的课程门类、课时分配情况、课程安排表作出规定，对课程的实施与评价提出要求和建议等。

【活动实例 8-1】

××小学 2018—2019 学年第一学期综合实践活动课程实施方案

一、课程目标

（1）通过开展综合实践活动，培养学生对参与实践活动的兴趣，了解信息技术、劳动技术、社区服务和探究活动的一些常识，使学生具有基本的交往协作能力、观察分析能力、动手实践能力及知识的综合运用能力和创新能力，初步养成合作、分享、积极进取等良好的个性品质，形成对自然、对家乡的关爱和对社会、对自我的责任感。

（2）初步掌握参与社会实践与调查的方法、信息资料的搜集分析与处理的方法，获得亲身参与综合实践活动的积极体验和丰富的经验。

二、课程安排

1. 实施原则

（1）关注兴趣。基于学生的需要、动机、兴趣和直接经验来设计、实施相关课程活动。

（2）回归生活。从学生的生活中选取那些具有一定的综合性、实践性、现实性的问题、事件、现象来设计课程内容。

（3）立足实践。不再局限于书本知识的传授，让学生亲身参与，综合运用所学的知识，主动地去探索、发现、体验、重演、交往，亲力亲为，获得解决现实问题的真实经验，从中培养实践能力。

（4）着眼创新。尽可能创造条件，让学生在积极探索、主动实践的过程中，不断地有所发现、有所思考、有所创新，具备初步的怀疑精神和批判精神，具有独立思考问题的能力和解决问题的能力。

2. 学期活动主题

九月：开展“感谢师恩”“家乡的变革”“家乡特产”主题活动。

十月：开展“国庆节文艺汇演”“大手拉小手”“我是尊老敬老好少年”主题活动。

十一月：开展“我有一双小巧手”“小梦想家”“保护环境，从我做起”主题活动。

十二月：开展“我爱家乡美”“跟着节气去探究”“我们的传统节日”主题活动。

3. 课时安排

（1）各班必须保证每周一课时的综合实践活动。如果综合实践活动有教学需要，可以向学校申请增加课时。

（2）各年级从主题中选择一个进行全年级综合实践活动，每个活动持续时间为一个月。

三、课程评价

我校要求在综合实践活动的开展过程中，注重对活动成果的积累，要求教师指导学生做好活动过程的记录和活动资料的整理，并要求学生撰写活动报告、反思日记、心得体会。综合实践活动的评价方法多种多样，有汇报、成果或作品展示、研究报告答辩、演示、表演、竞赛、评比等。其中“档案袋评定”是学生自我评价、同伴互评、教师评价学生的重要依据。学校要求，学期末，教师要依据课程目标和档案袋，结合平时对学生活动情况的观察，对学生综合素质发展水平进行科学分析，并写出评语。

四、组织措施

（1）开展“四个一”活动，即一次公开课活动、一次论文撰写活动、一次综合实践活动案例评比、一次学生研究小论文评比。学期末，学校拟表彰在综合实践活动课程中表现优秀的指导教师和学生。

（2）在教师中开展有关综合实践活动课程的学习和理论培训。一方面学校将派出骨干教师外出培训；另一方面开展校内培训，并将培训计划纳入学校整体工作之中。

（3）联系社区，与周边社区居委会加强合作，资源共享。

（4）开好家长会，积极争取家长对学校开展综合实践活动工作的支持。

（5）做好经费保障和后勤保障工作。加强后勤管理，落实责任制，制订好安全工作方案，确保综合实践活动顺利开展，保障活动全过程安全顺利进行。

（二）加强管理制度建设

为确保综合实践活动课程的有效进行，学校必须加强管理制度建设。一是加强设施、设备的管理制度建设，如实验室、图书馆、活动基地等设施、设备的使用和管理制度建设。二是将教师培训发展规划制度化。采用课程理论培训、专家讲座、教师研讨、外出考察观摩、骨干教师活动等形式为教师创造综合实践活动课程的学习和交流机会，要求教师接受固定期限的观摩和学习指导，并将之纳入考核指标。将这种培训规划常态化、制度化，对教师起着重要的导向和制约作用，有利于综合实践活动课程的开展。

（三）管理和开发课程资源

学校在进行课程资源的管理和开发时，可以从以下几个方面入手。

（1）管理和利用好学校的现有资源，最大限度地提高资源的利用率。

（2）充分发挥教师课程资源开发主体的作用。要采取各种措施，通过多种途径，帮助教师积极选择、优化、利用和开发校内外各类课程资源，建立多渠道、多样化的课程资源系统和课程资源库，为教师的综合实践活动课程资源开发提供条件，为教师创造性地实施课程搭建平台。

（3）拓展和利用校外教育资源。如邀请校外专业人员来校作报告，组织学生去校外教育单位学习、参观、访问，利用校外科研单位的设施开展研究等。

（4）管理和利用好网络资源，加强对学生上网的教育、管理和指导。

（四）改进课程评价

学校在综合实践活动课程评价方面要突破传统的评价模式。首先，要明确综合实践活动课程的目标导向，形成合理、客观、系统、积极的评价机制，保证综合实践活动课程的顺利实施。其次，要关注学生的体验，注重检测学生在知识与技能、过程与方法、情感态度与价值观等方面的整体发展水平，强调学生创新精神和实践能力的形成和表现。再次，学校要努力进行评价方法的改革，改变将考试作为唯一的课程评价手段和过分注重分数、等级的做法，采用开放的评价方式，运用行为观察、情境测验、学生成长记录等多种方法，对学生发展的过程和结果进行综合评价。通过评价，帮助学生认识自我、建立自信，激励学生不断进步。另外，学校还要对教师的职业道德、课程开发和实施能力、教学研究能力等方面进行全方位的评价，在严格规范的基础上，鼓励教师积极进行各种适合于学生发展的综合实践活动课程的改革与创新。

第二节　小学综合实践活动课程的建设

一、小学综合实践活动课程制度建设

目前，我国真正具有课程意义的综合实践活动课程只在部分地区和学校得以落实，大多数地区和学校对综合实践活动课程的实施只是停留在表面，存在着较大的随意性。因此，总结以往的经验，努力实现课程的常态实施、有效运行和区域推动，完善小学综合实践活动课程制度建设，才能使小学综合实践活动课程健康和持续发展。

（一）小学综合实践活动课程制度建设的基本要求

1. 实现课程的常态运行

实现课程的常态运行就是让综合实践活动也能够像语文、数学等学科课程那样，进入学校正常的教学秩序。

2. 促进课程的有效实施

学校课程的有效实施首先需要在追求课程的整体效果基础上，依照学生心理和认知发展水平进行课程研究与开发。其次，要对不同类型和内容的活动主题区别对待，明确活动目标和具体要求，处理好预设与生成、过程与结果、规范与特色、校内与校外等各种关系，加强活动过程中方法的指导和技能的训练。

3．推动课程区域发展

实现课程的区域发展，必须坚持对课程予以准确定位。应努力在实践中总结和积累学校和区域性的先进经验，充分发挥它们的借鉴和辐射作用，坚持由点到面、由少到多，扎扎实实地做好各项工作，推动综合实践活动课程的区域发展。

（二）小学综合实践活动课程制度建设的相关组织

1．校外组织

（1）地方教育行政部门

在小学综合实践活动课程管理中，《中小学综合实践活动课程指导纲要》提出地方教育行政部门应做好以下几项工作。

第一，做好对综合实践活动的督导。地方教育行政部门要督导学校认真落实课程计划，保证课程计划的严肃性，不能人为地将综合实践活动随意分解为具体课程开设，更不能用学科课程分割综合实践活动的课时。

第二，做好综合实践活动课程开发的指导与服务。地方教育行政部门要把主要精力放在课程资源的开发与统整上，鼓励学校创造性地实施国家课程，要组织力量、深入学校，共同研究、总结经验，通过运用一定的评价手段和组织区域性的、校际的经验交流活动等，帮助学校领导和教师转变教育观念，指导学校切实地、创造性地落实课程计划中关于综合实践活动课程的要求。

第三，做好政策支持。地方教育行政部门要引导学校建立起一支专兼职结合的指导教师队伍，调整教师编制结构，落实综合实践活动的指导教师，妥善处理综合实践活动指导教师的职称评定、业绩考核等方面的问题。

（2）校外咨询与合作组织

小学综合实践活动课程的开发与实施需要积极争取校外教育机构（如大学）、科研院所、政府部门等的支持与合作，这些校外组织可以帮助学校对教师进行有针对性的培训，指导和开展大量的研究和示范活动，提供课程开发和实施的成功经验等，既能帮助学校解决课程与教学中存在的问题，又能提高教师的专业化水平。

2．校内组织

（1）学校课程委员会

学校应积极组织教师、家长、教育行政部门及相关专家共同组成学校课程委员会作为学校课程管理的决策机构。学校其他行政机构应当避免对学校课程委员会进行过度干涉，尊重和重视学校课程委员会的工作，积极采纳其意见和建议，让学校课程委员会真正发挥作用。

学校课程委员会在综合实践活动课程管理方面的职责包括以下几个方面：

第一，策划小学综合实践活动课程计划，提出综合实践活动课程的目标或标准。

第二，搜集、整理与提供小学综合实践活动课程所需要的重要材料和活动案例，为教师开发、实施综合实践课程提出框架性的建议。

第三，了解学生和教师在小学综合实践活动中的真实情况，为改进综合实践活动搜集必要的信息并提出改进方案。

第四，广泛听取教师和学生建议，制订合理的小学综合实践活动课程评价方案。

第五，组织研讨会，分享小学综合实践活动的教学和学习经验。

（2）学校课程小组

小学综合实践活动课程小组是学校课程委员会下设的专门小组，是小学综合实践活动课程开发的具体执行组织。小学综合实践活动课程小组应当由各具专长、熟悉和热衷小学综合实践活动的教师组成，既要有专职教师，又要有兼职教师。其中，专职教师是学校综合实践活动课程的负责人，要承担起学校综合实践活动课程实施的规划、组织、协调与管理等方面的责任。

小学综合实践活动课程小组的主要职责包括：根据学校课程委员会提出的目标，进行综合实践活动课程的开发，制订具体的活动计划；确定小学综合实践活动课程的教学组织形式；组织小学综合实践活动课程的教学团队；开展小学综合实践活动校内评价，确认实施效果，提出改进方向。

（3）学校校长

校长在学校课程开展中具有重要的作用，校长应该超越行政领导的思维模式，积极履行作为学校课程领导的职责。

校长在小学综合实践活动课程中的主要职责包括：与教师共同制订详细的计划和步骤，确保综合实践活动课程开发、实施和评价能够顺利进行；积极改革与建立相应的组织机构和规章制度；鼓励教师研究和学习，为教师进修创造良好的条件和氛围；及时提供信息、筹措经费、疏通社会关系等，为综合实践活动课程的开发和实施提供保障。

（三）小学综合实践活动课程制度建设的主要内容

1．课程管理制度

课程管理制度是指教育行政部门和学校对课程的宏观把握和指导。综合实践活动课程在实施时，不能人为地将综合实践活动分解为不同的领域分别设课，更不能用学科课程或地方课程取而代之，应保证国家课程计划的严肃性。

教育行政部门应加大对综合实践活动课程的指导力度，将综合实践活动课程列入教育督导的专项必查项目，运用评价手段和组织区域交流等方式推广先进经验，树立先进典型，推动课程发展。综合实践活动的内容应在对学生的素质考评中占有应有的比重。教育行政部门还要创造条件探索和建立综合实践活动课程与学科课程评价相联系的机制，体现对学生素质的整体评价。

2．教学管理制度

教学管理是学校按照教学规律和特点，对教学工作进行计划、组织、控制、监督的过程。对综合实践活动课程的教学管理要坚持从课程的特点出发，并按计划进行开发和实施。学校应制订学校和班级实施综合实践活动的计划，包括活动内容和主题的选择、目标确定、实践安排、教师和其他教育资源的配备等，以保证活动的有序进行。

过程管理是实施综合实践活动教学管理的核心环节。合理使用和分配课程资源，适时而恰当的方法指导，统筹和协调与活动相关的各部门之间的关系，实行全程和全面的激励措施，都是过程管理应予关注的内容。

督促和检查是实施教学管理的重要手段。学校领导应从教师的“教”和学生的“学”两个方面具体制定相应措施，明确检查的项目和具体的要求，通过随班活动、个别交谈、研讨交流等多种形式，帮助教师搞好自己的教学工作。

总结和提高是教学管理的重要环节和最终目标。学校领导应帮助教师总结活动开发和实施过程中正反两方面的经验，正确而合理地进行成败得失的归因分析，并作出书面总结。

3．教师管理制度

教师专业发展是一个长期的过程。担任综合实践活动课程的教师，为了课程实施和自身专业发展的要求，不仅要学习和掌握课程所需要的专业知识，还要具备终身学习和发展的能力，实现教育教学能力的发展和情感、态度、价值观的全面提升。教育行政部门要不断创造条件，在短期内力争建立本课程教师的职称系列和专业发展标准。

4．课程资源开发管理制度

根据课程发展的需要，进行课程资源的开发和管理，是综合实践活动课程健康和持续发展的重要条件，各地要努力创造条件给予制度上的保证。

首先，各地都应按照国家关于中小学教材开发的有关规定，严格进行立项、评审，分年段开发综合实践活动课程资源。其次，要加强对综合实践活动课程资源的开发和管理，还可视发展情况，组织专门的团队，研发可以适用于较大区域内通用的系统性综合实践活动课程资源，供学校选用。此外，倡导学校努力开发校本课程资源，鼓励学校将通用系统教材和校本教材开发结合起来，建立具有学校特色的、与学科课程相辅相成的综合实践活动资源库，全面推动学生的实践性学习。

二、小学综合实践活动师资队伍建设

（一）小学综合实践活动中的师生关系

小学综合实践活动课程作为课程改革的一个结构性突破，颠覆了传统的教学模式和师生关系。在综合实践活动中，教师和学生是伙伴，是相互的倾听者、平等的对话者和实践活动课程的共同开发者。

1. 师生是相互的倾听者

相互倾听应该贯穿于小学综合实践活动的全过程。实际上，教育本身就是倾听的教育。每一个教师都有被倾听的必要，他们是学生学习的指导者、合作者；每一个学生也都有被倾听的必要，他们都渴望被了解、被关注、被理解和被接纳。创设有利于倾听的环境，搭建民主、平等的交流平台，可以使教师和学生一起成长、互相促进，为综合实践活动的良性循环打下基础。

2. 师生是平等的对话者

在小学综合实践活动课程中，教学模式与学习方式有了很大的转变。学生不再是接收知识的容器，而是一个自觉、主动的学习者和知识的建构者；教师角色也随之转变，成为学生学习的促进者和引导者。因此，教师应该与学生建立起平等的对话关系。平等民主的对话，既能激发学生的兴趣和智慧，提高学生的思考能力，又能激发教师在反思中不断地自我超越。

3. 师生是课程的共同开发者与实施者

小学综合实践活动课程强调创新性问题的解决和合作学习策略的运用。因此，在综合实践活动课程中，学生享有充分的学习自主权，处于一种不容缺席的地位。师生只有成为课程的共同开发者与实施者，才能真正体现综合实践活动课程开展的价值。

阅读资料

我和学生一起走过——当综合实践活动指导老师的体会

去年，我们学校全面启动了综合实践活动课程，其目的在于学生能在教师的指导下主动地整合各学科知识，把知识转化成自身的能力，把课堂更多地延伸到课外，关注生活、发现生活、服务生活。因此，本次综合实践活动成为我和学生们一起探究、成长的广阔舞台。

我们的小组，我们共同的选择

首先，综合实践活动小组的确立就是一个双向选择、平等对话的过程。指导教师先写出个人的自我简介，向学生推介自己，然后学生根据自己的需求和已确定的小组活动主题来选择教师。王静怡小组的选题为“对紫阳湖公园外围文化墙的打造”，他们选择了我作为他们的指导教师。由于是双方的自主选择，活动开展过程中，学生们更愿意接受我的指导，也愿意向我提出自己真实的想法，活动一直在良好的师生互动中进行。

我们的方案，我们一起设计

活动刚开始就面临着一个难题——设计活动方案。这种似乎只出现在大学校园的活动形式，忽然让小学生去完成，对教师和学生来说都是一个巨大的挑战。

作为指导教师的我和学生们一起讨论，指导他们学习如何查找相关资料，建议他们通过上网、图书馆查阅的方式了解相关知识。经过一段时间的准备，学生们终于把活动方案设计的框架及要求弄清楚了。我又召集小组成员开会进行讨论，终于和学生们一起制订出了一份较为完整的活动方案。

通过这段经历，我觉得综合实践活动的指导教师要从一个指挥者变为学生的伙伴和“参谋”。虽然活动不是自己亲手“策划”，但是从学生的“策划”中，我看到了学生的自信，在学生激动的眼光中，我看到了他们的感激与欣喜。

我们的主题，我们一起实施

活动实施过程中，学生们要自己出去访问、调查，这让我非常担心。我担心他们不知道该怎样与人沟通，担心他们会忘记带东西，更担心他们的安全。活动前，我反复地问学生“你们可以吗？需要我帮助吗？”而学生只给我一句话：“老师，我们自己来，您放心吧。”事后看来，我的担心确实是多余的。虽然在活动过程中的确遇到一些阻碍，但学生们最后仍做好了一切工作。我看着学生们搜集回来的一份份原始的采访笔录、录像，看到他们成功地预约并采访了家长、老师、公园管理人员，不禁为他们出色的表现感到欣喜。在这近一年的研究活动中，作为指导教师，我亲身体会到了综合实践活动对提高学生能力的实效性。

我们的成果，我们共同收获

综合实践活动中，学生们的潜能得到了充分挖掘，有的时候提出的新创意、新办法比老师想出来的都好。在最后的成果展示阶段，需要用多种多样的形式呈现我们的研究成果，我和学生们一起绘图、做模型、做 PPT。有些时候，我的动手能力不及学生，他们都会高兴地跑来指导我。在这样互帮互助、平等民主的氛围中，我和学生们一起完成了实践活动。

在这次综合实践活动中，我们的小组研究课题涉及历史、地理、新闻、信息、交通、社会、美术及计算机运用等方面的知识，这无形中促使我不断地充实自己各方面的知识。同时，在与学生共同研究的过程中，我对每个学生各方面的能力有了更深的了解，这将使我今后的课堂教学更加有针对性。

总之，作为综合实践活动课题研究小组的指导教师，通过与学生一起“摸爬滚打”，一起学习、收获、成长，使我对综合实践课程有了一个更深刻、更全面的认识，使我能够重新思考作为指导教师如何在活动中和课堂教学中更好地定位自己、指导学生。

（资料来源：https://www.docin.com/p-286600608.html）

（二）小学综合实践活动中教师的专业素养

1．高尚的职业道德

小学综合实践活动课程的指导教师首先必须要有高度的敬业精神和强烈的开拓意识，才能使课程顺利实施，其应具备的职业道德素养主要有以下几点：

（1）挑战自我，与时俱进，不断探究教育规律

综合实践活动课程的开设难度大、要求高、责任重，这就对指导教师提出了更高的要求。教师应加强学习、更新观念，不断加强思想修养，提升文化素质，提高教学水平，促进学习、教研、反思三者的和谐发展。学习、教研和反思的过程是一个不断积累、沉淀、总结、内化、升华的过程，可以使教师不断地吸收新理念、新知识、新信息、新观点、新见解，从而全面提高专业素养。

（2）确立全新的教育理念，致力于每一个学生的发展

指导教师要平等对待每一个学生，并相信所有的学生都能有所发展；要意识到教育对象的差异性，因材施教；要帮助学生设计未来，全面提高学生的综合素质，使学生获得包括认知在内的多方面的发展。

（3）树立终身学习的观念

小学综合实践活动课程所涉及的学科领域多、范围广，而且没有现成的经验和固定的模式。这就需要教师不断学习，拓宽知识获取的渠道，丰富自己的知识面，真正具备整合学科知识的本领。

阅读资料

牢固树立终身学习的理念

当今世界飞速变化，新情况、新问题层出不穷，知识更新的速度大大加快。对以传道、授业、解惑为己任的教师而言，更要树立终身学习的理念，以使自己拥有源源不断的力量源泉，时刻为学生提供鲜活的成长清泉。

牢固树立终身学习的理念，需要教师不断拓宽视野。要做到这一点，需要教师读万卷书、行万里路，跳出所任教的学科，乃至跳出教育看教育。看见巍峨的群山，才能深刻感受到沙石的伟大；看见滚滚的江水，才能深刻体会到滴水的力量。教师只有视野开阔了，才能体验到云卷云舒的知识之美，才能更加全面地看待自己所任教的学科和所传授的知识，才能举重若轻地胜任本职工作。

牢固树立终身学习的理念，需要教师不断更新知识。学习如逆水行舟，不进则退。在知识爆炸和新媒体迅速发展的情况下，学生获得知识的途径越来越多元，任何人包括教师都不可能垄断所有知识的传授。如果教师不及时更新知识，仅靠“吃老本”是难以胜任教书育人这一神圣职责的。而且，身处学习型组织的学校，身处不断变革的社会，教师有责任和义务为学生的终身学习提供榜样示范，做学习型社会建设的核心引导力量。

牢固树立终身学习的理念，需要教师不断更新学习方式。随着科技进步和学习媒介的多元化、立体化，教师要与时俱进，不断更新自己的学习方式，这样才能提高自己学习的效率和效益。博览群书是学习，谈话聊天是学习，网络互动是学习，上微信、刷微

博也都是学习。只要终身学习的理念渗透于自己的身心，每时每刻都是在学习，每处每地都是在学习。

牢固树立终身学习的理念，还需要教师在研究中学习，在实践中学习，在生活中学习。作为教师，仅仅具备专业知识是远远不够的，还必须不断研究教育教学规律，不断研究学生，不断提高自己对教育的理解和对规律的尊重。只有这样，才能在教育教学过程中驾轻就熟、举重若轻。与此同时，教师还要在实践中不断改进、提升自己的教育教学能力，在生活中不断体悟、感知生命的美好，将自己的所知所学融进与学生的点滴交往之中，将自己的生命本身塑造成一本书，使自己浑身上下都散发出教育力量。

桃李不言，下自成蹊。教师只有牢固树立终身学习的理念，并将其真正内化为自己的生命行动，才能不断提高业务能力和教育教学质量，真正成为业务精湛、学生喜爱的高素质教师。如此，是教育之幸，更是国家之幸。

2．合理的知识结构

要实施小学综合实践活动课程，教师不仅要及时更新教育观念，具备高尚的职业道德，还需不断完善自己的知识结构。小学综合实践活动课程的指导教师应具备以下三方面的知识。

（1）综合的学科知识

小学综合实践活动课程的指导教师要在“专”的基础上做到“博”。例如，语文教师在掌握本学科知识的同时，还应力求具备相关的音乐、美术等方面的知识，同时补充数学等理科知识；数学教师在掌握本学科知识的同时，还应争取掌握一些地理、生物等方面的知识，同时补充人文和社会科学知识。这样的知识结构使得教师在进行主题设计、活动实施时能从多学科的角度来整体考虑，从而促进学生多方面的发展。

（2）系统的教育理论知识

教育理论可以提高教师对教育对象和教育实践活动的认识，提升教师的教育理念，促使教师从更高的角度去理解教育的真谛、价值和意义。教育理论还可以指导教师具体的教育实践，帮助教师根据教育教学的规律和特点科学施教。

（3）特定的地域性知识

小学综合实践活动课程是一门开放性极强的课程，不仅内容开放，活动区域也是开放的。因此，作为课程开发和实施的主体，综合实践活动课程的指导教师要想指导学生的问题探究、社会调查、文化体验等活动，就必须首先对地方和社区的发展状况，对其特有的地域性知识（如地方和社区的自然因素、社会因素、民族文化、风俗习惯等）有较全面的了解。只有这样，教师才能够充分利用本区域内可利用的课程资源，确保小学综合实践活动的顺利实施。

3．全面的课程实施能力

小学综合实践活动课程指导教师的课程实施能力直接影响综合实践活动课程实施的效果，影响小学综合实践活动课程功能的发挥，并最终影响学生的发展。因此，要使综合实践活动课程得以顺利实施，充分体现其价值，指导教师必须具备课程开发能力，教学预测能力，组织、管理与调节能力，合作交往能力，研究与创新能力等课程实施能力。

（1）课程开发能力

指导教师要在掌握课程理论的基础上，对小学综合实践活动课程目标确定的依据、内容的组织、活动方案的设计与编写、实施方式的研究和评价标准等有清晰的了解，善于开发和利用课程资源，挖掘资源中的教育教学价值。

（2）教学预测能力

在确定综合实践活动课程主题时，指导教师应全面掌握有关问题的知识与背景材料，对学生发展的各阶段有所预测。

（3）组织、管理与调节能力

在综合实践活动课程中，指导教师既要能组织学生开展自主性的活动，还要能调节活动的进程，引导学生深入开展活动；既不能对学生管得过紧，束缚学生的手脚，又不能管得过松，放任自流。

（4）合作交往能力

指导教师应具备良好的与他人合作的能力。教师与学生之间的良好合作，有利于学生在活动中受到启迪和激励。教师与教师之间的密切配合、协调，与校外有关人员的接触和交往，有利于取得更好的资源，创造良好的活动氛围。

（5）研究与创新能力

在没有现成的经验和模式可以借鉴的情况下，指导教师应结合可利用的课程资源特点，从学生的兴趣出发，有针对性地选择活动主题，研究和创新，对活动进行设计、指导和评价。

4. 良好的心理素养

综合实践活动课程是一门新课程，它在实施过程中难免会遇到挫折和失败，会导致不良情绪的产生。因此，指导教师必须具有良好的心理素养。

第一，教师在教育理念、活动情境、人际关系等多重角色转换上要有心理适应能力。第二，要有体察和感悟学生心灵、破译学生言外之意的识别能力。通过学生的外显行为，能迅速而准确地理解学生的真实感受和行为动机，适时给予鼓励和帮助。第三，必须具有较强的情绪控制能力。第四，在协调学校、社会、家庭和学生等方面的关系中，教师随时有可能遇到对方不理解或沟通困难等挫折，这时，教师应能随机应变，采取恰当方式迅速摆脱挫折对心理的消极影响。

总之，作为新课程改革试验的一门全新的课程，综合实践活动课程对承担这门课程的教师提出了十分严峻的挑战，它要求综合实践活动教师必须是全能型、研究型、实践型、活动型、合作型、现代型的教师。

（三）小学综合实践活动中教师的专业发展

1. 教师专业发展的含义

教师专业发展是指教师作为专业人员，在职业道德、专业思想、专业知识、专业能力、专业品质等方面由不成熟到成熟的发展过程，包括职前教师培养、新教师入职辅导和在职教师进修三个阶段。

2. 教师专业发展的意义

从社会意义上讲，教师专业发展是科教兴国的重要保证。时代的发展对教师专业素质的要求，不仅体现在传统的品德、知识、能力等方面，而且体现在专业素质的内涵要随时代的变化不断丰富和发展上。因此，只有清楚地认识教师职业的专业性，建立教师职业的专业标准体系，加快教师专业化进程，才能不断提高教师的专业素质，保证学校的教育教学质量，为科教兴国提供重要的人才保障和智力支持。

从教育意义上讲，教师专业发展是教育改革的必然，是教师成长的必由之路。基础教育课程改革在课程目标、课程功能、课程结构、课程实施、课程评价和课程管理等方面提出了许多新的观念和要求，将教师的专业发展问题提到了前所未有的高度。只有当教师成为学生学习的组织者、参与者、帮助者、引导者、促进者，成为课程的研究者、开发者、决策者，才能担当起教育改革的重任。

3. 教师专业发展的策略

在小学综合实践活动的开展中，教师专业发展的策略包括以下几个方面。

（1）以校为本，促进教师专业发展

教师的发展是在一定的教育情境中进行的，学校是教师实现专业发展的主要场所。学校可以开展多样有效的研修活动，建立以校为本的研修机制，创设有利于教师互相交流切磋、互相帮助促进、互相关心爱护的学校文化，通过实验研究、校本开发、专家讲学等多种形式和途径，推动教师专业发展。

（2）开展教学行动研究，促进专业发展

教学行动研究是指在教育情境中，由教师进行，用以改善教育专业实践，并实现教育理想的行动研究，主要可采取计划、实施、思考、反思等方式进行。教学行动研究是与教师的教学实际紧密结合的。教师在日常教学中应采取探究的态度，从寻找和澄清教学问题出发，了解现象，获得领悟，并付诸教学实践。在这个过程中，教师可能会发现新的教学技术，也可能会形成新的实践理论，从而促使教师由传统的“传授者”转变为“研究者”。这就弥补了教师理论和实践之间的差距，改变了以往只实践不研究的状况，促进了教师的专业发展。

（3）引导教师对教育教学进行反思，鼓励教师的自主发展

教师为了获得自身专业发展，进行自主学习和调整，完善自身教育、教学理念与行为的意识，是教师对教育活动和教育观念的一种反思，也是对自身发展的一种反思。主要包

括对自己过去专业发展过程的总结、对自己现在专业发展状态的评估和对自己未来专业发展的规划。只有经过反思，教师的经验方法才能上升到新的高度，并对后继的行为产生良好影响，从而促进自己教育教学能力的提高，加快自身专业发展的进程。

另外，教师的专业成长从根本上讲决定于教师的发展需求和实践体验，但同样离不开同伴互助和团队合作。学校要引领教师在教学实践活动中加强专业切磋、协调合作，达到分享经验、互相学习、共同成长的目的。只有团队发展了，才能促进自身发展，才能整体提升教师队伍的专业素质，为学校发展奠定坚实的基础。

课堂讨论

结合课堂内容，请你说一说作为小学综合实践活动课程教师，应该在教师角色上做哪些调整？如何更好地发展自己的专业素质？

思考与练习

1．简述小学综合实践活动课程管理的含义和主要内容。

2．小学综合实践活动课程制度建设的基本要求和主要内容是什么？

3．小学教师在综合实践活动课程中应该具备哪些专业素养？

4．对周边小学进行一次调查，了解教师现有的素质与综合实践活动要求的专业素养有哪些差距？并给出合理的建议。